A ARTE
DA PREGUIÇA
PRODUTIVA

Peter Taylor

A ARTE DA PREGUIÇA PRODUTIVA

Como fazer mais com menos esforço e ter sucesso no trabalho e na vida pessoal.

Tradução
Thaïs Costa

PRUMO
informação

Título original: *The Lazy Winner*
Copyright © 2011 Peter Taylor

Originalmente publicado pela Infinite Ideas Limited.

Todos os direitos reservados. Nenhuma parte desta obra pode ser reproduzida ou transmitida por qualquer forma ou meio eletrônico ou mecânico, inclusive fotocópia, gravação ou sistema de armazenagem e recuperação de informação, sem a permissão escrita do editor.

Direção Editorial
Jiro Takahashi

Editora
Luciana Paixão

Assistência editorial
Roberta Bento

Preparação de texto
Alícia Toffani

Revisão
Rinaldo Milesi
Shirley Gomes

Produção e arte
Marcos Gubiotti

Imagem de capa: Stockbyte/Gettyimages

CIP-Brasil. Catalogação na fonte
Sindicato Nacional dos Editores de Livros, RJ

P574a   Peter Taylor 1957-
        A arte da preguiça produtiva: como fazer mais com menos esforço e ter sucesso no trabalho e na vida pessoal/ Peter Taylor; tradução Thaïs Costa. - São Paulo: Prumo, 2012.
        128p.: 21 cm

        Tradução de: The lazy winner
        Índice
        ISBN 978-85-7927-211-0

        1. Sucesso nos negócios. 2. Trabalho e família. 3. Profissões - Desenvolvimento. 4. Sucesso. I. Título.

12-5410.   CDD: 650.1
                                                                                               CDU: 65.011.4

Direitos de edição para o Brasil: Editora Prumo Ltda.
Rua Júlio Diniz, 56 – 5º andar – São Paulo - SP – CEP: 04547-090
Tel.: (11) 3729-0244 – Fax: (11) 3045-4100
E-mail: contato@editoraprumo.com.br
Site: www.editoraprumo.com.br

Para minha mãe e meu pai, que descobriram as alegrias das viagens internacionais em um período tardio da vida; tomara que este livro ajude a compensar a perda da minha herança graças aos seus gastos frívolos.

E para meu irmão Justin, que não está facilitando as coisas, pois mora na África do Sul.

Meu amor a todos vocês.

SUMÁRIO

Prefácio   9

Decisão   11
Você tem certeza de que quer ler este livro?   11

Preguiça   19
Você está aqui   19
O que "vencer" significa para você?   23
O que é exatamente preguiça produtiva?   31

Sucesso   39
A força do "Não"   39
A habilidade do "Sim"   45
Como ser "preguiçoso" pode torná-lo mais bem-sucedido?   51

Oportunidade   57
Flexibilidade e oportunidade   57
Continuamos firmes?   63

Mudança   67
Saindo da zona de conforto   67
A influência dos cinco e a relação dos seis   77

IMPULSO 85
Quando a situação fica difícil 85

DESTINO 91
Você alcançou o seu destino 91
Um vencedor bem preguiçoso 93

CONSIDERAÇÕES FINAIS 101

MAIS 103
Apêndices 103

AGRADECIMENTOS 124

ÍNDICE 125

PREFÁCIO

Todos nós precisamos de um pouco de ajuda na vida. Eu reconheço que preciso e, às vezes, as pessoas só se expõem e adotam uma diretriz de vida quando surge a oportunidade.

Para mim, isso aconteceu um dia, na hora do almoço, quando eu estava a fim de dar uma relaxada, embora estivesse estressado com o que me aguardava na volta ao escritório.

Então, deparei-me com *A Arte da Preguiça Produtiva* e, apesar das minhas reservas em relação a livros de autoajuda em geral, fui atraído pelo fato de que o livro parecia honesto e fácil de ler. Realmente, começa oferecendo ao leitor em potencial a oportunidade de reconsiderar se quer comprá-lo e sugere que a pessoa deve entender exatamente o que a obra pode ou não fazer por ela.

O livro me levou a uma série de pequenas alterações que resultaram em uma grande mudança em minha vida.

Ser um vencedor preguiçoso tornou-se a minha realidade.

Tenho certeza de que o livro pode fazer o mesmo por vocês.

Nigel
(Você ainda vai me encontrar muitas vezes por aqui.)

DECISÃO

"Ambição é uma desculpa esfarrapada de quem não tem sensatez suficiente para ser preguiçoso."
Charlie McCarthy (Edgar Bergen)

Você tem certeza de que quer ler este livro?

Pare já de ler este livro!

Na verdade, peço que você pare de ler este livro no final deste capítulo e então siga rigorosamente as instruções antes de continuar. Confie em mim, sou escritor e faço isso pelo seu bem. Está claro? Ótimo!

Então, vamos começar com um resumo simples do que virá a seguir no livro, depois, faça um teste rápido para ver se vale a pena investir seu tempo (e dinheiro) nisso.

Do que este livro trata?

A Arte da Preguiça Produtiva é para quem quer simplesmente fazer mais com menos esforço e ter sucesso no trabalho e na vida pessoal sem correr sem rumo como uma barata tonta nem ralar cem horas por semana. Todos nós somos propensos a botar em risco nossa vida pessoal e nossa carreira profissional por trabalhar demais! Por outro lado, não podemos seguir na direção contrária e ignorar a parte "laboral" da equação, concentrando tempo e esforço apenas na parte "pessoal". Isso, de forma alguma, representa o equilíbrio entre vida e trabalho e, a menos que você já seja rico o suficiente para buscar apenas o equilíbrio pessoal,[1] é preciso alcançar um "equilíbrio" verdadeiro que seja adequado para você.

Você é bom demais para falhar no que faz e eu quero ajudá-lo a ter ainda mais chances de êxito no futuro.

A obra baseia-se no conceito de "preguiça produtiva", que estimula as pessoas a pensar mais antes de entrar em ação e se empenhar em um problema ou uma tarefa. Há maneiras bem melhores de progredir no trabalho e na vida do que se acabar o tempo todo feito uma abelha operária e, no final, se perguntar o porquê disso tudo e o que você realmente conseguiu.

Com um tipo diferente de planejamento, você pode ser um dos vencedores preguiçosos e ter sucesso no trabalho e na vida, obtendo resultados mais impressionantes com o mínimo de esforço.

O que este livro não aborda?

Eu quero que você tome a decisão certa a respeito deste livro, cujo objetivo é colocá-lo no caminho certo. Da mesma maneira, devo ser claro sobre o que este livro não abordará e não lhe dará.

Há centenas de livros de autoajuda por aí que prometem ajudá-lo a "ganhar mais dinheiro e ter uma vida mais longa e feliz". Este livro não é assim (ao afirmar isso, posso até ter um grande prejuízo na vendagem da obra, mas tenho de ser honesto[2]).

---

1 - Se esse é o seu caso e você está apenas matando o tempo com este livro em seu iate privado, enquanto espera que lhe sirvam caviar, por favor, envie sua doação através do meu *site* www.thelazywinner.com. Eu aceito os principais cartões de crédito e fico muito grato.

2 - Os editores gostariam de salientar que é bem possível obter qualquer coisa que outros livros de autoajuda oferecem, portanto, você ainda pode querer comprar este livro e torço para que isso aconteça, mas não dou garantias. (Atualmente, uma busca no Amazon.com por livros de "autoajuda" resulta no número assombroso de 129.325 exemplares com a palavra

Acredito que, ao adotar algumas regras simples em sua vida, você pode fazer mudanças muito significativas, dependendo do ponto de partida e de suas expectativas quanto a essas mudanças.

Portanto, este livro é uma espécie de mapa rodoviário, um planejador de rota, um plano passo a passo para progredir, um guia para que você alcance certo nível de "preguiça produtiva". É muito importante que você entenda isso. Você não tem de buscar uma abordagem do tipo "big bang",[3] nem fazer 100% do que eu sugiro para obter alguns benefícios. Creio que você obterá alguma vantagem em cada etapa – pequenos ganhos à medida que cada lição é aprendida e aplicada.

Mais uma vez, muitos livros de autoajuda só funcionam se você fizer uma imersão total no que eles dizem e adotar todos os conselhos. E, caso você não faça quaisquer mudanças significativas, a culpa é sua por não ter feito tudo como devia.

Este livro é bem diferente disso.

Então, será que você deve ler este livro?

Antes de decidir, faça algumas perguntas a si mesmo.

O que acontece quando você se envolve em alguma coisa? Você se deixa levar pela empolgação, se entrega ou apenas aceita tudo que cruza seu caminho com espírito fatalista? Ou você recua e se pergunta:

- Eu quero fazer esse trabalho, essa tarefa ou pegar esse emprego? Caso eu queira, eu realmente preciso disso?
- O possível resultado ou consequência vale meu esforço?

"autoajuda" no título ou no sumário. Também dizem por aí que o mercado de autoajuda em 2010 movimentou quase US$12 bilhões.) Observação: talvez o próximo livro da série seja *O livro do preguiçoso feliz para transar e ganhar mais dinheiro*.

3 - O "big bang" se refere à teoria cosmológica de que o início do cosmos ocorreu em um determinado momento no tempo. Esse também é o caso com o tipo de ação big bang, no qual um novo sistema é adotado em uma data (a exemplo do que ocorre com implementações de software).

- Eu mesmo tenho de fazer isso?
- Se eu tenho de fazer isso, qual é o caminho mais curto para o sucesso?
- Qual é exatamente o ponto de êxito e em qual etapa estarei apenas desperdiçando meu tempo?

Se você conseguiu responder positivamente as cinco perguntas, então guarde a carteira ou compre outra coisa.[4] Provavelmente você já é um "vencedor".

Se você ficou confuso em algum ponto do questionário, o que certamente acontece com a maioria das pessoas, então você gosta de ser uma barata tonta e de ralar cem horas por semana ou quer muito alguma ajuda.

Se o perfil de "barata tonta que rala cem horas por semana" é sua chave para a felicidade, então você não precisa deste livro. Continue assim e boa sorte para você. O contentamento é uma bênção e é bom você ter descoberto o seu.

Porém, se esta conversa fez você considerar que deveria tentar algumas mudanças – se percebeu uma espécie de guia e ponto de referência –, então você precisa aprender a arte da preguiça produtiva e, surpresa, esta obra é um ótimo ponto de partida.

Responda novamente às perguntas no contexto deste livro:

- Eu quero ler *A Arte da Preguiça Produtiva*? Eu preciso ler *A Arte da Preguiça Produtiva*? Bem, agora você deve ter uma opinião clara baseada no que já leu e nas respostas para as perguntas anteriores.
- A consequência de ler *A Arte da Preguiça Produtiva* valerá o esforço? Confie em mim, é praticamente indolor compreender

---

4 - Que tal investir em um livro de autoajuda para "ganhar mais dinheiro e transar mais"?

a maior parte deste livro – pois eu pratico o que digo, ou seja, atuar de maneira mais sagaz, não mais dura. Você terá ganhos na mesma proporção que se envolver no processo.
- Eu mesmo tenho de ler *A Arte da Preguiça Produtiva*? Idealmente sim, mas você pode me contratar por um preço irrisório para que eu leia pessoalmente o livro para você. A escolha é sua, mas por que você não dá só uma olhada no livro?
- Se eu tiver de ler esta obra, qual é o caminho mais curto para o sucesso? O livro oferece um caminho flexível para o aprendizado da arte da preguiça produtiva e eu, como um escritor sagaz, porém preguiçoso, ofereço múltiplos pontos de êxito em todos os capítulos.
- O que é exatamente esse ponto de êxito e em qual etapa estarei apenas desperdiçando meu tempo? Quando sua barata deixar de ser tonta e você tiver reduzido suas horas de trabalho, você pode ter atingido um ponto de retorno em seu investimento.

Então, você quer ser um vencedor preguiçoso ou continuar sendo um perdedor atarefado?[5]

Espero ter demonstrado minha integridade sendo claro e honesto sobre o escopo do livro. Entre aquela quantidade impressionante de livros de autoajuda que citei anteriormente, quantos são realmente lidos por inteiro? Quantos são realmente usados de acordo com seu propósito? Quantos agora estão juntando pó em uma prateleira ou reservados para uma liquidação beneficente? Somos todos humanos, eu sei, queremos mudar, mas às vezes é tão difícil, ao passo que é bem mais fácil deixar as coisas como estão. Eu tenho uns vinte livros lin-

---

5 - OK, você não é um perdedor – o que eu quis dizer com essa frase foi que talvez você esteja se prejudicando por não trabalhar de uma maneira mais inteligente.

dos de culinária com fotos maravilhosas e receitas estimulantes, mas geralmente acabo comendo as coisas habituais. Isso é bem esquisito.

OK, chega de conversa, é hora de você tomar uma decisão.

Hora de decidir

Então, o que você quer? Você deve responder a todas as minhas perguntas, mas eu sei o que você está pensando. "Ele fez seis perguntas ou apenas cinco?"

Bem, para falar a verdade, no meio da empolgação, acabei me perdendo um pouco, mas, como este livro é sobre preguiça produtiva, a maneira mais incrível de trabalhar no mundo, e pode mexer com sua cabeça, responda apenas a esta pergunta: Eu me sinto sortudo? O que você diz?

Vá em frente, leitor, deixe-me feliz...[6] Ou, para ser mais preciso, vá em frente e melhore sua vida aprendendo a trabalhar de uma maneira melhor, a maneira vitoriosa da preguiça produtiva.

E lembre-se:

"O progresso não é feito por quem levanta cedo da cama, e sim por preguiçosos que tentam achar maneiras mais fáceis de fazer algo."[7]

---

6 - "Vá em frente, deixe-me feliz!" é o bordão, escrito por Joseph C. Stinson e dito pelo personagem Harry Callahan, interpretado por Clint Eastwood, no filme *Impacto fulminante*, de 1983. Nota para fãs de Clint: nesse caso, o autor declinou de chamar seu público como "punk". A citação (ou citação incorreta) anterior é do filme de ação americano *Dirty Harry*, de 1971, produzido e dirigido por Don Siegel, que foi o primeiro da série homônima.

7 - De *Amor sem limites*, de Robert Heinlein, autor americano de ficção científica (1907-1988). Nota: foi essa citação que me levou ao conceito de "preguiça produtiva". Por treinar muitas pessoas há anos em vários empregos e papéis, sempre tentava explicar por que eu, assim como outras pessoas, parecia ser muito mais relaxado, organizado e menos estressado do que os demais, e ainda assim obtinha resultados semelhantes ou melhores. Ler a citação de Robert Heinlein fez tudo ficar muito mais claro e simples – eu era "preguiçoso" e isso era uma boa coisa. Aliás, acho isso uma coisa excelente.

"Nunca tenha medo de tentar algo novo. Lembre-se: foi um amador solitário que construiu a arca do dilúvio – e um grupo grande de profissionais que construiu o Titanic."

Dave Barry

PREGUIÇA

Você está aqui

A fim de facilitar a compreensão deste livro, há dicas regulares que lhe permitem avaliar seu progresso no caminho para a preguiça produtiva.[8] Pense nele como uma "navegação por satélite"[9] rumo à preguiça produtiva – ele o guiará até seu destino, mas não há problema se você se desviar em algum ponto da rota ou simplesmente decidir ir a outro lugar que pareça bem mais interessante.

você está aqui

Sei que isso não é muito proveitoso a essa altura, mas nós ainda não começamos para valer, certo? Isso será útil mais tarde. Mas você já não está mais no ponto inicial: você pensou sobre a preguiça produtiva e, presumivelmente, decidiu que é esse o caminho que quer traçar. Portanto, você já está mudando de uma maneira pequena, porém significativa.

---

8 - O livro também deixará você à vontade para trapacear – de uma maneira produtivamente preguiçosa. Afinal de contas, por que eu, o autoproclamado mestre preguiçoso, deveria esperar que você leia 30 mil palavras quando posso agilizar isso para você?

9 - "Navegação por satélite" se refere aos sistemas projetados para uso em automóveis. Eles usam o instrumento de navegação GPS (Sistema de Posicionamento Global) para obter dados de orientação ao usuário em ruas e estradas na base de dados de mapas da unidade. Usando a base de dados das vias, a unidade pode dar direções para outros locais nas vias também integradas.

Aliás, isso é pura preguiça produtiva.

Como bônus por investir um pouco de seu dinheiro suado (talvez parte da recompensa por aquelas cem horas semanais cumpridas pela barata tonta), como num passe de mágica, você acabou de experimentar a abordagem da preguiça produtiva ao passar por esse processo de tomada de decisão.

Ao investir um pouco de tempo daqui em diante, você vai se poupar de ler mais 29 mil palavras (além de libras, dólares, reais etc., dependendo de onde você comprou este livro) e nada ganhar com a experiência, ou preparar sua mente para se concentrar e aprender a ser mais produtivo no futuro. Ambas as possibilidades são boas.

Agora vamos começar para valer.

Apresentando Nigel

Vamos conhecer o herói de nossa história, saber o que ele pensa da vida e entender que seu senso de humor é bem provocativo. Tabuletas em sua mesa no trabalho mostram sua visão sobre o mundo e o que se passa em sua mente.

Este livro até poderia ter o título de *Making Plans for Nigel*.[10] Enfim, esse é o nosso herói Nigel (mas, se você prefeir, pode chamá-lo de Nigella).

Portanto, este livro poderia ter o título de *Making Plans for Nigella*.

---

10 - A canção-tema de Nigel(la) é "Making Plans for Nigel", do disco *Drums and Wires*, do XTC, lançado em 17 de agosto de 1979, que alcançou a 34ª posição na parada de sucessos do Reino Unido e a 176ª colocação na dos Estados Unidos. O famoso single "Making Plans for Nigel" foi lançado em 14 de setembro de 1979 e ficou em 17º lugar entre os singles mais vendidos no Reino Unido. Nota: usar masculino ou feminino de Nigel também permitiu que o autor, em um momento de autoindulgência, incluísse o nome de sua chef favorita de televisão, Nigella Lawson, ganhando, assim, uma aposta financeira pequena, mas de importância pessoal.

Ele (ela) é bem feliz com sua vida e poderia continuar fazendo o que faz há algum tempo, mas há alguma coisinha interna – OK, por ora, paro por aqui. Você entende, estou tentando não ter nenhum viés de gênero, portanto, daqui em diante vamos combinar o seguinte: quando eu digo ele, isso também significa ela e vice-versa. Obrigado.

Nigel se parece com muitos de nós. Vida é o que acontece enquanto ele está ocupado fazendo outros planos. Nigel gosta muito de uma história sobre o sentido da vida e a conta com frequência.

No primeiro dia, Deus criou a vaca.

Deus disse, "você deve ir para o campo com o agricultor o dia inteiro, sofrer sob o sol, ter bezerros e dar leite ao agricultor. Você viverá por sessenta anos". A vaca disse, "é duro aguentar esse tipo de vida por sessenta anos. Dê-me apenas vinte anos e eu lhe devolvo os outros quarenta".

Deus concordou.

No segundo dia, Deus criou o macaco.

Deus disse, "divirta as pessoas com macaquices que as façam rir. Vou lhe dar vinte anos de vida". O macaco disse, "que maçante, fazer macaquices por vinte anos? Não gostei disso. A vaca dispensou quarenta anos, mas eu lhe devolvo dez, topa?"

Mais uma vez, Deus concordou.

No terceiro dia, Deus criou o cachorro. Deus disse, "passe o dia sentado na porta da sua casa e lata para todos que entrarem ou passarem por lá. Vou lhe dar vinte anos de vida". O cão disse, "é tempo demais para ficar latindo. Dê-me dez anos e eu lhe devolvo os outros dez".

Deus concordou.

No quarto dia, Deus criou o homem.

Deus disse, "coma, durma, brinque, faça sexo, aproveite. Não faça nada a não ser desfrutar a vida. Vou lhe dar vinte anos". O homem disse, "o quê? Só vinte anos? De jeito nenhum. Ouça minha proposta: fico com meus vinte, os quarenta que a vaca devolveu e os dez que o macaco recusou, mais os dez que o cão não quis, e isso resulta em oitenta, certo?"

"Combinado", disse Deus. "Negócio fechado."

Então, é por isso que nos primeiros vinte anos nós só comemos, dormimos, brincamos, fazemos sexo e aproveitamos a vida; nos quarenta anos seguintes penamos sob o sol para sustentar a família; nos dez anos seguintes fazemos macaquices para divertir nossos netos; e nos dez anos finais nos sentamos diante da casa e latimos para todo mundo!

Apesar de seu senso de humor, Nigel não é mau, mas sente que as coisas *poderiam* ser melhores e intui que *poderia* fazer algumas mudanças que seriam boas para si e para a sua família.

Mas o que ele deveria fazer? Por que ele trabalha tão duramente e por tantas horas? Por que ele vive cansado? E por que ele nunca sente que está em dia com as coisas ou tendo algum tipo de progresso? Por que sua caixa de entrada e sua lista de afazeres são tão cheias? A vida parece se resumir a marcar passo. E por que tantas outras pessoas parecem flutuar por aí sem dar bola para o mundo e, mesmo assim, ter êxito sem se esforçar? O que elas fazem de diferente de Nigel?

E por que ele tem uma tabuleta em sua mesa com a inscrição "Hoje é o amanhã com o qual você se preocupou ontem"?

O que "vencer" significa para você?

Temos um ponto de vista pessoal sobre o que significa ser um "vencedor", mas pelo lado mais científico pode-se perceber que há muitas coisas que não sabemos – e todas são positivas.

A fim de acompanhar seu progresso, é necessário ter dois pontos de referência. Você precisa saber onde está agora e aonde gostaria de chegar. Por meio de uma autoavaliação honesta, ficará óbvio em que ponto você está nesse momento. E reflita aonde você quer chegar, pensando no que "vencer" significa para você nesse contexto.

vencer
1. Obter vitória ou acabar primeiro em uma competição.
2. Ter sucesso em um esforço ou empreendimento.

"Vencer é uma jornada pessoal que envolve chegar ao destino que você escolheu. Basicamente, vencer tem a ver com realização."
Jack Welch[11]

Neste livro, o enfoque não está na primeira definição, não se trata de vitória ou de chegar primeiro, nem de outros perdendo por sua causa. O que nos interessa é a segunda definição, isto é, obter o nível definido de sucesso em seu trabalho e em sua vida e seu esforço.

Então, o que você considera "vencer" em sua vida?

Atenção, aqui entra uma pitada de "ciência".

---

11 - Nascido em 19 de novembro de 1935, o americano John Francis "Jack" Welch Jr. é químico, engenheiro, empresário e escritor. Ele foi presidente e chefe executivo da General Electric entre 1981 e 2001.

Uma maneira de refletir sobre isso é por meio da hierarquia de necessidades proposta por Maslow.[12]

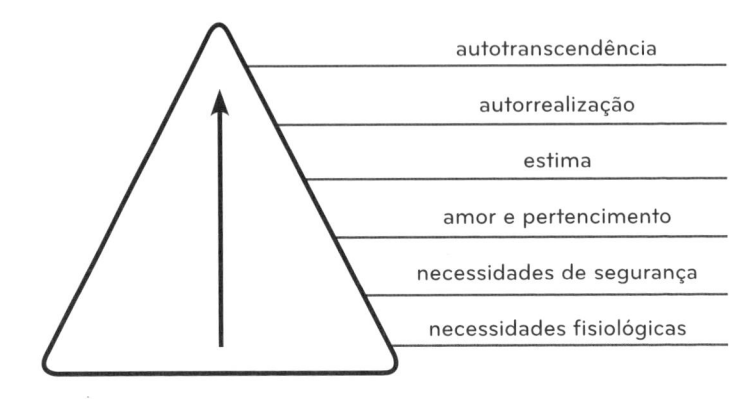

- autotranscendência
- autorrealização
- estima
- amor e pertencimento
- necessidades de segurança
- necessidades fisiológicas

Consulte os apêndices para mais informações sobre isso, mas, para simplificar, todos nós somos motivados por nossas necessidades. As mais básicas são inatas e se desenvolveram ao longo de milênios. A "hierarquia de necessidades" de Abraham Maslow ajuda a explicar como tais necessidades motivam todos os humanos.

A teoria afirma que precisamos satisfazer uma necessidade de cada vez, começando pela primordial, a qual obviamente é ligada à própria sobrevivência: ar, alimento, água e a capacidade de reproduzir-se, vestir-se e abrigar-se. Só após atender as neces-

---

12 - A "hierarquia de necessidades", de Abraham Maslow, é uma teoria psicológica proposta em "A Theory of Human Motivation", de 1943. Posteriormente, Maslow ampliou a ideia incluindo suas observações sobre a curiosidade inata dos humanos. Suas teorias se equiparam a muitas outras de psicologia do desenvolvimento humano e todas descrevem as etapas do crescimento humano. Maslow estudou mais o que chamava de pessoas exemplares, como Albert Einstein, Jane Addams, Eleanor Roosevelt e Frederick Douglass, do que pessoas doentes mentalmente ou neuróticas, o que justificou por escrito dizendo que "o estudo de espécimes incapacitados, subdesenvolvidos, imaturos e doentios só produziria uma psicologia e uma filosofia inválidas". Maslow estudou o 1% mais saudável da população universitária e sua teoria foi totalmente explicada em seu livro *Motivation and Personality*, de 1954.

sidades mais elementares de bem-estar físico e emocional é que nos preocupamos com as necessidades de ordem superior, ligadas à influência e ao desenvolvimento pessoal. De maneira oposta, se as coisas que satisfazem nossas necessidades mais elementares forem eliminadas, deixamos de nos preocupar com a manutenção de nossas necessidades de ordem mais elevada.

Imagino que qualquer pessoa que leia este livro não esteja particularmente interessada em suas atuais necessidades fisiológicas ou tenha prioridades altamente desequilibradas.[13] Além desse nível de necessidade, se você perguntar às pessoas o que querem na vida e, portanto, qual o rumo que gostariam de tomar, as respostas provavelmente seriam estas:

- Eu gostaria de ter paz mental. Bem, qualquer definição de vencer e, portanto, de sucesso, presumivelmente terá este elemento.
- Eu quero ser saudável. Naturalmente, e qualquer outra forma de sucesso será prejudicada pela falta de saúde.
- Eu quero ser amado. Isso pode ser preenchido pela família ou amigos, pela mulher, pelo marido ou por um parceiro, filhos e até animais.
- Eu quero ter segurança financeira. Muitas vezes, isso significa não ter de pensar o tempo todo em dinheiro, não necessariamente ser "rico". Trata-se apenas de ter dinheiro suficiente para pagar as contas, alimentar os dependentes e lidar com as necessidades básicas.

---

13 - Se você estiver interessado em suas atuais necessidades fisiológicas, talvez fosse melhor ter investido naquele livro sobre "ganhar mais dinheiro e transar mais", em vez de comprar *A Arte da preguiça produtiva*. Porém, tenho certeza de que você pode obter um preço razoável por este livro no eBay, caso as páginas estejam em bom estado.

- Eu quero realizar algo na vida. Todos nós queremos desesperadamente nos tornar pessoas melhores ou melhorar outra pessoa ou algo. Acho que isso é parte da natureza humana.
- Eu quero me sentir realizado. Se você atendeu ao cinco primeiros "desejos", mas não se sente realizado, então não está desfrutando completamente seu próprio sucesso.

Pode-se definir o sucesso pessoal em dois níveis. Você pode optar pela grande abordagem "onde quero estar daqui a cinco ou dez anos" ou pela abordagem "quais são minhas metas na vida". Responder a essas questões lhe dará um plano de longo prazo para o destino pessoal de sua preferência. Ou você pode responder em um nível mais baixo com a abordagem "entre as coisas que faço, quais eu poderia mudar facilmente e fariam uma grande diferença" e "o que ando fazendo e sei que não deveria fazer". Isso ao menos lhe apontará a direção certa das mudanças que fariam muita diferença ao longo do tempo, além de uma diferença imediata. Pessoalmente, sempre fui fã da abordagem da "vitória rápida". Ela funciona logo e estimula a sensação de êxito e o impulso de realização.[14]

Todos nós queremos ter sucesso em mais de uma área na vida, portanto, é preciso definir muitas metas. Por exemplo, uma meta pode ter relação com a carreira e o trabalho, enquanto outras metas podem estar ligadas a relacionamentos, filhos ou passatempos. É preciso se perguntar: "Que tipo de equilíbrio eu preciso em minha vida?" E você tem de achar um equilíbrio entre *todas* as áreas da sua vida para se sentir realizado.

---

14 - É nisso que *A Arte da Preguiça Produtiva* difere claramente do livro tradicional de autoajuda, que costuma exigir grandes mudanças para uma grande recompensa. Concordo com Confúcio quando ele diz, "uma jornada de mil milhas começa com o primeiro passo". E, se possível, prefiro dar passos iniciais bem pequenos.

Onde você está?

Onde você está agora? Qual é seu ponto de partida para a mudança?

Quanto mais clareza na definição de sua "jornada", mais chance você tem de sucesso, ou seja, há menos chance de se perder no caminho. Outro grande benefício de visualizar a jornada inteira é poder planejar os passos simples e não desanimar achando que qualquer mudança é imensa e penosa demais para ser conseguida (então, por que se dar ao trabalho de tentar?).

O mais fácil a fazer é começar pelo que você sabe.

- Você sabe o que quer?
- Sabe o que não quer?

Por exemplo, você pode pensar "Eu quero passar mais tempo com minha família, mas não quero ter um mau desempenho no trabalho nem abrir mão da carreira". Isso é perfeitamente aceitável e se alinha com a orientação de ter equilíbrio no que você faz.

É possível que você não saiba o que quer ou, pior ainda, não saiba o que não quer.

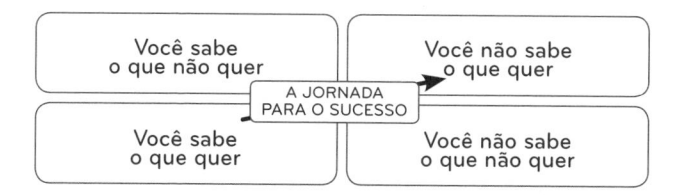

Você sabe o que não quer	Você não sabe o que quer
A JORNADA PARA O SUCESSO	
Você sabe o que quer	Você não sabe o que não quer

A jornada para o sucesso só pode ser planejada se você tiver um mapa claro da rota.

Para não desperdiçar tempo e esforço, isso envolve evitar as coisas que você não quer e se concentrar naquelas que quer. É como sair para uma caminhada. Há dois tipos de caminhada: de A para B, na qual a finalidade é partir de A e chegar a B. No segundo tipo, você tem bastante tempo e prazer na caminhada e o objetivo é descobrir lugares interessantes pelo caminho. Para uma pessoa "produtiva, mas preguiçosa", a jornada de A a B é a melhor, pois uma abordagem "produtivamente preguiçosa" envolve a possibilidade de pular B e ir direto para C, se C for seu próximo destino.

Passemos agora para sua jornada.

Você acha que consegue fazer uma lista de tudo o que você acha que quer e do que gostaria de mudar? É fundamental ser sincero agora. Escreva suas opções em um papel ou no computador e guarde bem a lista.

E o que dizer das coisas que você sabe que não quer? Você consegue fazer uma lista delas também?

Reserve um tempo para fazer essa lista também.

1. O que você quer?
2. O que você não quer?

Sim, eu sei que será bem mais fácil fazer a primeira lista do que a segunda, mas quanto mais você entender sobre si mesmo e o que você quer, melhor.

Ótimo, agora vamos para a outra parte da jornada.

Você percebe que poderia descobrir coisas desejáveis se soubesse o que elas são? Conversar com outras pessoas pode ser muito útil — ampliar seu escopo de conhecimento e experiência através dos outros (mais tarde vamos examinar sua rede de influência).

O que dizer das coisas que você não sabe que não quer? Bem, talvez só se possa prever que, à medida que progride no caminho para a mudança, provavelmente você irá se perder uma ou duas vezes, portanto, prepare-se. Caso sinta que há algo errado, veja isso como um desafio.

Essa não é uma autoavaliação feita apenas uma vez. Ao longo de sua jornada, será preciso se testar várias vezes em relação às questões de necessidade e de desejo.

> "Eficiência é preguiça inteligente."
> *David Dunham*

Você quer e precisa disso? Lembre-se de que é o conjunto dessas questões-chave e das respostas que deve guiá-lo em sua decisão final, não só uma delas. O mero desejo de fazer algo não significa que você deve fazê-lo.

Esta não é uma avaliação "única".

Continue reavaliando o que fez para se certificar que está progredindo na direção certa.

Nigel tem um plano

Nigel estava andando pelas lojas perto de seu escritório durante uma pausa rara para almoçar. Todos com quem ele precisava falar ou que precisavam falar com ele estavam ocupados, então ele aproveitou a calmaria para sair do prédio e comer algo. Agora ele estava voltando pela rota "panorâmica" através das lojas. Seu olhar captou um livro em promoção na vitrine da livraria – *A Arte da Preguiça Produtiva: Como fazer mais com menos esforço e ter sucesso no trabalho e na vida pessoal*. Intrigante, talvez fosse bom saber mais sobre isso.

Nigel já esgotara sua cota de encher suas estantes (elas estavam repletas de livros, mas ele não tinha lido todos e, em alguns casos, nem sequer começara). Ele achava que se alguém lançasse um livro que juntasse os sete passos deste e os nove ideais daquele com uma dica de quem alterou seu primeiro dia de trabalho naquela semana, salpicado com o conselho para engolir esse sapo, então ele poderia dispensar o resto. Em grande estilo.

Isso fez Nigel lembrar de uma piada.

Um homem vai à livraria local e pergunta ao atendente onde fica a seção de autoajuda.

O atendente respondeu "Se eu lhe disser, você não passará pela experiência de achá-la sozinho".

Nigel, porém, parou e ficou olhando o livro. Certo de que precisava de um pouco de ajuda, pensou por que não gastar um pouco e dar uma olhada. Na pior das hipóteses, ele sabia que ainda havia uma pequena brecha na estante de madeira.

À noite, em sua casa, Nigel se sentou e abriu a sua nova aquisição. A euforia de comprar e possuir o livro já se desvanecera – aquele momento estonteante quando ele de fato se sentiu mais produtivo só por ter a obra –, mas ele gastara dinheiro, então não custava nada dar uma folheada.

Para falar a verdade, não foi uma compra por impulso, pois ele lera o primeiro capítulo que lhe dava abertamente a oportunidade de desistir do livro e sair da loja sem gastar um tostão. O tal capítulo sugeria que ele comprasse um livro completamente diferente que prometia, entre outras coisas, melhorar sua vida sexual.

Ele, porém, não teve vontade e agora era o orgulhoso proprietário de *A Arte da Preguiça Produtiva*, ou pelo menos era dono de um exemplar da obra.

Ele tomou um gole de café, abriu o livro e começou a ler...

O que é exatamente preguiça produtiva?

Com a ajuda de um economista italiano, agora vamos aprender que nem tudo tem a mesma importância, mas que algumas coisas são importantes e que é essencial ter concentração e planejamento.

Vamos começar pela conhecida "regra 80/20".

O Princípio de Pareto (também conhecido como "regra 80/20") afirma que 80% das consequências de muitos fenômenos derivam de 20% das causas. Isso é comumente usado de forma incorreta, por exemplo, é um erro afirmar que uma solução para um problema "se encaixe na regra 80/20" só porque se aplica a 80% dos casos; deve estar implícito que essa solução requer apenas 20% dos recursos necessários para resolver todos os casos.

Na realidade, o princípio foi sugerido pelo teórico de administração Joseph M. Juran e batizado com o nome do economista italiano Vilfredo Pareto,[15] que observou que 80% das propriedades na Itália pertenciam a 20% da população do país. A suposição é que a maioria dos resultados em qualquer situação é determinada por um pequeno número de causas.

Assim, "20% dos clientes podem ser responsáveis por 80% do volume de vendas". Isso pode ser calculado com grande chance de acerto e pode ser útil na hora de tomar decisões no futuro. O Princípio de Pareto também se aplica a várias questões mundanas:

---

15 - O italiano Vilfredo Federico Damaso Pareto (1848-1923) foi engenheiro, sociólogo, economista e filósofo. Contribuiu no campo da economia, sobretudo com o estudo da distribuição de renda e a análise das opções dos indivíduos. Como economista, deixou um legado profundo, em parte porque, graças a ele, a área evoluiu de um ramo da filosofia moral, conforme praticado por Adam Smith, para um campo intenso de dados de pesquisa científica e equações matemáticas.

pode-se supor que usamos cerca de 20% das nossas roupas favoritas em aproximadamente 80% do tempo;[16] talvez passemos 80% do tempo com 20% das pessoas mais próximas e assim por diante.

O Princípio de Pareto, ou regra 80/20, pode e deveria ser usado por toda pessoa sagaz, porém preguiçosa, em sua vida cotidiana. O valor desse princípio reside em alertá-lo para se concentrar nos 20% que importam.

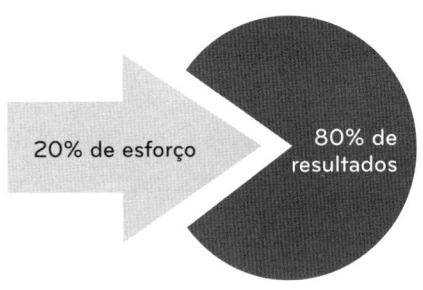

[Diagrama: 20% de esforço → 80% de resultados]

Certa vez, Woody Allen disse que "80% do sucesso reside em aparecer". Não tenho certeza disso. Acho melhor considerar que, de todas as coisas que você faz durante o dia, apenas 20% delas realmente importam. 20% produzem 80% dos resultados.

Portanto, comece identificando e se concentrando nesses 20%, e por ora deixe os 80% de lado.

Apenas 20% do que você faz realmente importa – então, concentre-se nisso!

O que você fez ontem que lhe deu uma sensação boa por ter um progresso importante no trabalho ou por ter cuidado de algo que precisava ser resolvido em sua vida pessoal? Enfim, a sensação de que seus esforços foram bem recompensados?

---

16 - Por alguma razão estranha, minha mulher, Lisa, insiste que nós passemos tempo demais nos fins de semana comprando 80% de suas roupas, sapatos e bolsas que ela raramente usa. Expliquei várias vezes a ela o Princípio de Pareto, mas em vão. Nós continuamos fazendo muitas compras!

É importante reservar diariamente algum tempo para pensar com calma no que você deve fazer; isso pode ser feito no carro, no ônibus, no trem ou talvez em sua mesa no escritório, tomando o primeiro café do dia. Ou então na noite anterior. Cabe a você escolher um momento para pensar sobre as tarefas do dia e priorizar o que você quer realizar. O que é importante – aqueles 20% que resultarão nos 80%?

Reflita sobre ontem. Eu aposto que você conseguirá identificar uma, duas ou talvez até três coisas que você fez que deram o máximo de retorno sobre seu investimento pessoal.

O diabo está na lista de afazeres

É fácil fazer uma excelente lista de afazeres e depois eliminar alguns itens cumpridos. Mas isso não é necessariamente progredir.

Você chega ao escritório e já tem uma lista de afazeres à sua espera: pegar um café, apontar o lápis, marcar uma ida ao cabeleireiro, comprar alface no supermercado e assim por diante. E o que acontece? A lista cresce rapidamente quando você encontra pessoas no trabalho, atende telefonemas, é convidado para reuniões e recebe *e-mails*. Numerar a lista de um a cem nada significa; essa é só uma lista temporária ou uma lista de quando você pensou em coisas que precisava fazer. É preciso definir prioridades na lista. Considere o retorno que cada item dá a seu investimento. Faças as perguntas sobre necessidade e desejo.[17] Você precisa fazer isso? Você quer fazer isso? Então reflita sobre a importância de fazer cada coisa.

---

17 - OK, serei claro aqui, por mais que isso seja doloroso para mim. Aqui vai um pequeno "obrigado" (quase invisível) para alguém que poderia se chamar Nick e provavelmente não lerá este livro, a menos que eu lhe dê um exemplar grátis. Por quê? Ele sempre faz os testes de "eu quero isso?" e "eu preciso disso?". Este livro provavelmente será reprovado nos dois testes. Embora eu sempre tenha pensado dessa maneira até certo ponto, fico espantado como a combinação monótona de "necessidade" e "desejo" evidencia um traço de "preguiça produtiva".

> "Todas as grandes invenções tecnológicas – o avião, o automóvel, o computador – dizem pouco sobre a inteligência humana, porém muito sobre sua preguiça."
> *Mark Kennedy*

Você poderia cumprir facilmente 50% dos itens da lista e, mesmo assim, não fazer progresso algum. Poderia até cumprir 80% da lista obtendo apenas 20% dos resultados esperados, se evitasse habilmente os 20% das tarefas mais importantes.

Portanto, é preciso pesar bem cada tarefa e identificar sua importância. Após fazer isso, você pode ir em frente e colocar as coisas na lista.

Veja bem, a ideia não é deixar de cumprir toda a lista. O que estou dizendo é o quanto é valioso pensar, planejar, priorizar e enfocar. Na realidade, resolva os "itens grandes" e você se sentirá tão bem que os demais serão feitos simplesmente com o mínimo de esforço aparente. Outro modo de examinar isso é pensar que eliminar os 80% do trabalho que só produz 20% dos resultados permite que você invista os 80% em outra coisa – não posso garantir que isso vá funcionar, mas quem sabe a resposta esteja em algum ponto entre as duas abordagens?

Pense - Planeje - Priorize - Concentre-se

Caso você esteja interessado (e talvez queira confundir seu patrão se lhe perguntarem o que você pode decidir), a teoria maluca de Pareto[18] pode ser seguida da seguinte maneira:

---

18 - Talvez você possa ficar mais eficiente – se os parâmetros de distribuição de Pareto forem bem escolhidos. A pessoa teria não só 80% dos efeitos derivados de 20% das causas, como também 80% de 80% de efeitos principais gerados por aqueles 20% no topo de 20% das causas e assim por diante (80% de 80% é 64%; 20% de 20% é 4%, o que implica uma "lei de 64/4").

- escolha cinco pessoas;
- elimine 80% do trabalho delas que gera apenas 20% de seus resultados;
- combine os cinco lotes de 20% das atividades delas que resultam em 80% de seus resultados. O resultado é um trabalho para uma pessoa e cinco vezes mais resultados.

Pense sobre isso, mas não faça em casa (ou no trabalho)!

O primeiro passo para se tornar mais eficiente é não desperdiçar longas horas em tarefas sem relevância e trabalhar de maneira mais produtiva naquilo que realmente importa.

Certamente, menos é mais se você quer ser produtivamente preguiçoso.

Aqui também se aplica o princípio "mais pressa, menos velocidade". Quando estamos com pressa, muitas vezes demoramos mais para cumprir uma tarefa, pois cometemos erros no processo e temos de refazer tudo ou redobrar o esforço. Como na história da tartaruga e da lebre, uma abordagem firme e mais serena costuma ser a ideal.[19]

menos = mais

Sei que é muita coisa para lembrar, mas o ponto principal é: sempre que possível, reserve tempo para pensar bem nas coisas e decidir a melhor estratégia a seguir. Ao fazer isso, você deve levar em conta aspectos como simplificação, escala e reutilização.

Um esforço agora poupará esforços posteriores.

---

19 - Essa fábula de Esopo é um exemplo moral sobre o excesso de confiança e a vantagem de abordar algo com calma e firmeza, pois a tartaruga, que vence a corrida, declara, "Quem segue devagar e com constância sempre chega na frente!"

Nigel pensa sobre a preguiça

Nigel já fez a lista de coisas que gostaria de mudar. A lista não é longa, pois ele decidiu mantê-la o mais simples possível e deixar espaço para acrescentar coisas que venha a descobrir depois.

Ele apenas quer ter um pouco mais de tempo para se preparar e planejar as coisas, e deixar de estar sempre com pressa.

Ele gostaria de sair do escritório um pouco mais cedo do que costuma.

No trabalho de Nigel, há um pôster na parede da sala de café com a seguinte inscrição:

"Ah, você quer um dia de folga. Vamos examinar o que você está pedindo:

Há 365 dias por ano disponíveis para o trabalho.

Existem 52 semanas por ano nas quais você já tem dois dias de folga semanais, restando 261 dias disponíveis para o trabalho.

Como você passa 16 horas por dia longe do trabalho, isso representa 170 dias, restando apenas 91 dias disponíveis.

Você gasta 30 minutos por dia em pausas para o café, o que representa 23 dias por ano, restando apenas 68 dias disponíveis.

Com uma hora de almoço por dia, você gasta mais 46 dias, restando apenas 22 dias disponíveis para o trabalho.

Você normalmente falta dois dias por ano por motivo de doença. Isso lhe deixa apenas 20 dias por ano disponíveis para o trabalho.

Há cinco feriados por ano, então seu tempo disponível para o trabalho diminui em 15 dias.

A empresa generosamente lhe dá 14 dias de férias por ano, o que deixa apenas um dia disponível para o trabalho e a empresa apreciaria se nesse dia você desse duro.

Portanto, 'não', você não pode tirar um dia de folga!"

Nigel sente que esse dia, que ele aparentemente trabalha de acordo com esse pôster, parece ser longo demais. Nigel não se acha preguiçoso e até conhece uma piada sobre isso.

Um homem disse a seu médico que não conseguia mais fazer as coisas costumeiras em casa. O médico começou a fazer um exame longo e minucioso, mas nada achou de errado com o homem.

Após o exame, o homem disse, "Doutor, eu estou preparado. Diga claramente o que há de errado comigo".

O médico respondeu, "Bem, para ser sincero, você só é preguiçoso".

"De acordo", disse o homem. "Agora me fale o termo médico para isso para que eu possa dizer à minha mulher."

Nigel gostaria de um pouco mais de tempo para si mesmo sem perder seus momentos em família e sabe que nem sua mulher nem sua família o consideram preguiçoso.

A ideia da preguiça produtiva é atraente para Nigel. Depois de ler essa parte do livro, isso parece ter sentido e não falta gente que aprecie tal ideia. Ele conhecia bem a regra 80/20 e a usava para descrever os clientes de sua empresa – 20% dos quais produziam 80% da renda –, mas ele nunca pensou em aplicá-la em si mesmo.

Ao pensar na abordagem "Pense – Planeje – Priorize – Concentre-se", Nigel a considera lógica e admite de bom grado que sua lista de afazeres é absurdamente longa. Na realidade, ele tem listas lotadas de tarefas relativas à casa, ao trabalho, à sua vida pessoal e a "outros assuntos".

Nigel não vê progresso algum no momento e não se acha sagaz nem preguiçoso.

As coisas precisam mudar.

SUCESSO

A força do "Não"

A seguir, vou explicar que há muitas maneiras de dizer "não" e o quanto é importante passar a usar mais algumas delas, a fim de preencher os testes de necessidade e desejo.

É bom fazer uma lista produtivamente preguiçosa, mas uma das consequências disso, e de mudar sua maneira de trabalhar no futuro, será a necessidade (e, é claro, o benefício) de dizer "não" com muito mais frequência.

A maioria de nós sabe que realmente deveria dizer "não" mais vezes do que de costume, mas, por algum motivo, é difícil proferir o som necessário que manifestaria essa decisão.

Em compensação, meus filhos parecem não ter o menor problema em dizer isso muitas vezes por dia.[20] Quando somos pequenos, parece que a única palavra que podemos proferir é "não", em uma tentativa de nos afirmar no mundo dos adultos. Mas, à medida que crescemos, tendemos a sentir culpa quando dizemos "não" a outras pessoas. Desistimos constantemente porque não suportamos a ideia de transtornar os outros, de ser considerados maus ou de causar confusão.

Acho que há também outro fator. Se você diz "sim", a conversa praticamente se esgota. A outra pessoa pode começar a explicar de-

---

20 - Perguntei a eles se eu podia usar o nome deles neste livro, mas todos disseram "não" com veemência – isso é típico de Jenny, Adam, Sam e Scott!

talhadamente o que você precisa fazer para concluir a coisa que você acabou de concordar em fazer, mas para você, o esforço aparente acabou. Por outro lado, dizer "não" provavelmente requererá que você faça imediatamente algum esforço adicional para justificar o motivo de ter dito "não" e por que não pode, não quer, não deve fazer isso etc. Um "sim" equivale a menos esforço no momento (entretanto, bem maior posteriormente), ao passo que um "não" equivale a um esforço imediato (mas muito menor posteriormente).

Dizer "não", porém, pode ser uma coisa boa para todos os envolvidos e certamente uma coisa excelente para você.

Bem, isso é diferente de "50 maneiras de abandonar seu amor",[21] mas tem a ver com "50 maneiras de deixar de lado algo com o qual é melhor não se envolver". Para aumentar sua capacidade de responder negativamente, veja como se diz não em diversos idiomas:

1. *Nie* – africânder
2. *Jo* – albanês
3. *Nein* – alemão
4. *La* – árabe
5. *Nie* – bielorrusso
6. *Na* – bengali
7. *Ne* – búlgaro
8. *No* – catalão
9. *Bú* – chinês
10. *Aniyo* – coreano
11. *Non* – crioulo (Haiti)
12. *No* – croata
13. *Ikke* – dinamarquês
14. *Ne* – eslovaco
15. *Brez* – esloveno
16. *No* – espanhol

---

21 - Parte do disco *Still Crazy After All These Years*, de Paul Simon, a canção "50 Ways to Leave Your Lover" fez muito sucesso ao ser lançada nos Estados Unidos no final de dezembro de 1975. Além de conquistar o primeiro lugar nas cem mais da parada de sucessos do país em 7 de fevereiro de 1976, posição que ocupou por três semanas, ganhou um disco de ouro em 11 de março de 1976 e continuou com alta vendagem por quase cinco meses. A canção também ficou em primeiro lugar na lista de favoritas de adultos por duas semanas e continua sendo o maior sucesso da carreira solo de Simon. Na parada de sucessos britânica de *singles* em janeiro de 1976, a canção ficou em 23º lugar.

17. *Ei* – estoniano
18. *Ei* – finlandês
19. *Non* – francês
20. *Nid oes* – galês
21. *Ara* – georgiano
22. *Ókhi* – grego
23. *Lo* – hebreu (Israel)
24. *Nahi* – hindi
25. *Geen* – holandês
26. *Nem* – húngaro
27. *Tidak* – indonésio
28. *No* – inglês
29. *Nei* – islandês
30. *No* – italiano
31. *Wa* – japonês
32. *Ne* – letão
33. *Néra* – lituano
34. *Ne* – macedônio
35. *Tidak* – malaio
36. *Ma* – maltês
37. *Ikke* – norueguês
38. *Na* – persa (Farsi)
39. *Nie* – polonês
40. *Não* – português
41. *Nu* – romeno
42. *Niet* – russo
43. *Nema* – sérvio
44. *Hakuna* – suaíli
45. *Ingen* – sueco
46. *Mìmi* – tailandês
47. *Ne* – tcheco
48. *Yok* – turco
49. *Nei* – ucraniano
50. *Không* – vietnamita

> "Aprenda a dizer 'não' para poder dizer 'sim' ao que importa."
> **John C. Maxwell**

Veja agora algo interessante. Entre todos esses idiomas a palavra mais longa para "não" tem seis letras, a mais curta tem duas e uma média de três letras. Por que é tão difícil dizer essa palavra? Afinal, há palavras bem mais difíceis de pronunciar – como "pneumoultramicroscopicossilicovulcano-coniose".[22]

Quando alguém pede que você faça algo que realmente não quer fazer, é preciso aprender a dizer "não": simplesmente "não". Você não tem de evitar responder, desculpar-se ou inventar justificativas, aliás, inventar justificativas só tende a piorar as coisas no decorrer do tempo. Você só precisa dizer isso clara e firmemente. Afinal de contas, é seu direito.

Em muitos casos, deixar de dizer "não" é um dos maiores desafios para nossa própria produtividade, pois nessas situações colocamos a satisfação alheia acima da nossa.

Por que fazemos isso quando sabemos que deveríamos fazer o contrário? Bem, por diversas razões:

- Nós queremos ajudar as outras pessoas. Certos comportamentos supostamente positivos são confundidos com outros supostamente negativos. Recusar-se a fazer algo é considerado um ato egoísta, ao passo que aceitar algo é visto como um ato altruísta e generoso.
- Nós tememos a rejeição alheia. Todos nós queremos ser amados pelos outros, portanto, buscamos sua aprovação, muitas vezes a um preço alto para nós mesmos.

---

22 - Um termo obscuro que se refere a uma doença pulmonar causada pela inalação de pó de sílica, às vezes citado como uma das palavras mais longas da língua inglesa por ter 45 letras. Se você acha essa fácil, tente "Llanfairpwllgwyngyllgogery-chwyrrndrobwllllantysiliogogogoch", que é o nome de um povoado grande na ilha de Anglesey, em Gales, situado no estreito de Menai perto da Ponte Britannia e do outro lado do estreito de Bangor. O povoado é conhecido por seu nome, o topônimo mais longo na Europa e um dos mais longos do mundo. Seja como for, você tem de admitir que "não" é bem mais simples.

- Nós tememos perder potenciais oportunidades vindas de outras pessoas. Acreditamos que se dissermos "não" agora, não nos oferecerão mais outras oportunidades interessantes.
- Nós respeitamos as outras pessoas. Às vezes, achamos que a outra pessoa não merece receber um "não" de nossa parte.
- Nós sentimos culpa quando não ajudamos outras pessoas. É comum ficarmos preocupados após dizer "não", mesmo tendo sido uma decisão apropriada. A natureza humana faz com que fiquemos preocupados.

E talvez o motivo mais comum:

- Tememos o confronto com outras pessoas. Queremos evitar conflitos desnecessários e manter uma atmosfera boa e feliz.

Por certo, todos esses motivos dificultam dizer "não", mas nenhum deles é bom o suficiente para nos impedir de dizer "não". Tente dizer "não" com mais frequência. Sinceramente, fazer isso de modo sensato e delicado não fará mal a você nem a outras pessoas.

Priorize seu tempo valioso e fique firme para não desperdiçá-lo só para agradar alguém.

Isso não significa que você está sendo egoísta, mas, às vezes, é preciso colocar suas próprias necessidades em primeiro lugar.

Você pode dizer "não" simplesmente por outras razões, além de não querer nem precisar fazer algo. Por exemplo, diga "não" se houver uma pessoa mais qualificada para fazer a tarefa com maior eficácia e rapidez do que você.

Faça as perguntas importantes a si mesmo:

Eu quero fazer esse trabalho, tarefa ou pegar esse emprego? Caso queira, eu preciso fazer isso?

O resultado ou consequência compensa meu esforço?

Faça a pergunta importante a si mesmo:

Eu mesmo tenho de fazer isso?

O princípio aqui é que delegar o trabalho para a pessoa mais apta é benéfico para todos a longo prazo. Obviamente, isso não deve ser feito para escapar do trabalho. Você tem que assumir pessoalmente certas ações, caso contrário nunca realizará coisa alguma. E há também a ideia de que "você colhe o que planta". Às vezes, você não deve dizer "não" porque, embora possa não querer fazer algo, e existir alguém que poderia fazer isso melhor, você quer mesmo ajudar e ser um bom colaborador da equipe ou um bom samaritano. Ou, então, é de seu interesse assumir um projeto, a fim de aprender novas habilidades, e, nesse caso, você pode não ser a pessoa mais óbvia para a tarefa.

Tudo isso envolve equilíbrio e prioridade. Em geral, você quer lidar com algo importante e uma quantidade razoável de outras questões.

Se você continuar dizendo sempre "sim", seu trabalho acumulado nunca diminuirá, e você gastará muito mais tempo com coisas sem importância.

A habilidade do "Sim"

Vamos ver a grande importância do "sim" correto e como adaptar esse tipo de sim aos seus compromissos pessoais, de forma a ter mais chance de sucesso geral.

O que acontece quando você diz "sim"?

Temos "cinquenta maneiras de dizer não", então por que não haveria "cinco maneiras de dizer sim"? Bem, na verdade, quero estimulá-lo a dizer "não" com mais frequência do que "sim".

1. Se for preciso.
2. De acordo.
3. Bom.
4. Ótimo.
5. O que estamos esperando para começar?

"Se for preciso" não é uma ótima maneira de embarcar na empreitada e não lhe renderá muitos amigos nem influência sobre as pessoas, pois denota uma atitude relutante que não deveria se manifestar. Caso esteja preparado previamente, considerando todas as questões relevantes – necessidade, desejo, pessoa adequada, dever –, você fará o que foi pedido, então, por que não fazê-lo com um sorriso e entusiasmo? Pode ser que essa seja uma das situações do tipo "não sei o que realmente quero" e, quem sabe, você até acabe se divertindo. Seja como for, se você realizar a tarefa bem e com disposição, o "você colhe o que planta" pode muito bem beneficiá-lo mais tarde na vida.

"De acordo" indica concordância. Você aceita e, sem dúvida, fará o melhor possível.

"Bom" fica em um degrau mais alto de entusiasmo, e "ótimo'" dá impressão de que você usará suas habilidades ao máximo para concluir a empreitada de forma bem-sucedida.

Disponível para prometer - um "sim" qualificado

A melhor opção é "o que estamos esperando para começar?", pois demonstra não apenas que você se esforçará 100% nisso e fará um trabalho excelente, como também a probabilidade de que você assumirá o comando, pois sente claramente que isso deve ser feito por você.

No entanto, "sim" pode ser menos "preto no branco" e ter uma tonalidade sutil de cinza. De uma forma bem positiva.

É esse o conceito de "DPP", ou "disponível para prometer",[23] muito usado nos ramos de fabricação e vendas. Em outras palavras, isso significa que você pode dizer "sim", mas isso implica considerar o que você pode prometer a alguém agora, amanhã, na próxima semana ou no próximo mês. Se o trabalho deve ser feito e você é designado para ele (algo entre um "se for preciso" e "o que estamos esperando para começar"), você pode fazer mais se aguardar um pouco? É possível fazer bem mais se você puder esperar um pouco mais? Quando você concordar em fazer algo, pense bem sobre a real urgência e o possível benefício de recuar um pouco. Você pode fazer uma tarefa melhor se não se precipitar

"Um 'não' dito com profunda convicção é melhor do que um 'sim' dito apenas para agradar, ou pior, para evitar problemas."

Mahatma Gandhi

---

23 - "Disponível para prometer" (DPP) é uma fórmula de negócios, que serve de resposta a pedidos de clientes e tem base na disponibilidade de recursos. Isso envolve quantidades disponíveis do produto solicitado e datas de entrega. Os itens podem ser prometidos segundo os pedidos do cliente por um certo período, de acordo com uma situação de disponibilidade ou sem compromisso calculada como: inventário à mão, menos pedidos reservados pelo cliente e cronograma de recebimentos esperados no período.

imediatamente e isso pode ser benéfico para todos, mais do que um "de acordo" impensado.

Fale com o receptor de seus esforços planejados e explique que ele poderia, digamos, ter um pouco agora e um pouco mais muito em breve, mas, se ele quiser tudo de uma vez, terá de esperar um pouco mais. Diga "não" firmemente; diga "sim" quando um "sim" for apropriado; diga "quanto e quando" abertamente. Seja claro no que diz e faz.

Cuidado com o duplo enunciado positivo

Certo dia, uma professora de linguística estava dando aula para uma turma.

"Em inglês", ela disse, "um duplo enunciado negativo forma um positivo.[24] Em alguns idiomas, porém, como o russo, um duplo enunciado negativo continua sendo negativo. Não há, porém, idioma algum no qual um duplo enunciado positivo forme um negativo".

Uma voz no fundo da sala se ergueu: "sim, certo".

---

24 - Um duplo enunciado negativo ocorre quando duas formas de negação são usadas na mesma oração. Na maior parte da lógica e em alguns idiomas, duas negativas juntas se neutralizam e produzem uma afirmação. Em outros idiomas, duas negativas juntas intensificam a negação. O termo retórico para esse efeito, quando leva a uma afirmação atenuada, é litotes. Existem também a negação tripla, a quádrupla e assim por diante, as quais levam aos termos negação múltipla ou concordância negativa.

Nigel aprende quando dizer sim ou não

Nigel acabou de desligar o telefone e ficou com o olhar perdido por alguns minutos. O que acontecera? Ele sabia que receberia o telefonema, o que iriam solicitar e já havia decidido que, sem sombra de dúvida, diria "não" educadamente, porém com firmeza.

"Então, o que você disse?"

"Eu disse sim", suspirou Nigel.

Mas por quê, se menos de 0,000001% dele queria dizer "sim" e todo o resto de seu âmago queria gritar "não" em alto e bom som?

"Por que você fez isso?", foi a pergunta.

"Porque...", respondeu Nigel murmurando.

Por nada. Porque ele havia feito o de sempre nessas situações, ou seja, o papel de boa pessoa que concordava em ajudar. Agora, porém, tinha dois problemas. Primeiro, ele já tinha trabalho demais e pouco tempo precioso de sobra – na verdade, tempo nenhum. E, segundo, acabara de quebrar a regra do "preguiçoso produtivo" que estava tentando seguir. Não foi um bom começo.

Ele havia passado algum tempo na noite anterior pensando com calma sobre o que queria. Concluíra o plano de jornada com as coisas que sabia que queria fazer mais as que queria mudar e tentara anotar certas coisas que sabia que queria não fazer. Os componentes desconhecidos foram deixados para depois – afinal, fazer a lista demandara algum tempo e mais de uma xícara de café.

Ele também percebeu que, para realizar qualquer mudança, precisaria alterar seu estilo de conversa baseado no "sim", mas, quando o telefone tocou hoje, o que fez? Disse "não" em sua cabeça, mas um animado "sim" saiu de sua boca rumo ao interlocutor.

Foi assim que o "sim" escapou.

Isso o fez lembrar de uma piada.

Uma mulher pergunta ao marido se certo vestido faz seu bumbum[25] *parecer grande. Ele responde, "Menos do que o vestido que você usou ontem".*

Obviamente, a resposta correta de qualquer marido sensível teria sido, "Claro que não, você está muito atraente e, de qualquer maneira, seu bumbum não é grande".

Nigel percebeu que, com o incentivo certo, até ele conseguiria dizer "não" no momento apropriado.

Ele pegou o livro, descartou o uso de quaisquer das cinquenta maneiras de dizer "não", folheou a parte sobre "dizer sim" que já havia lido, releu a parte de "disponível para prometer" e então se decidiu.

"Tenho um plano engenhoso", anunciou Nigel indo de novo na direção do telefone.

Após mais um telefonema, Nigel declarou, "Assim é melhor".

"O quê?"

"Confirmei que posso ajudar, mas, devido a outros compromissos particulares, pedi um prazo de mais ou menos duas semanas", Nigel explicou sorrindo.

"Que bom para você."

"Sim", riu Nigel. "Meu plano engenhoso se baseia no DPP."

Nigel está cogitando trocar a tabuleta em sua mesa por outra com a seguinte inscrição: "Exprima o que você quer dizer e diga o que pretende – isso agiliza tudo".

---

25 - "Bum" em inglês. Para informação dos leitores, a palavra inglesa "bum" é sinônimo de "ass" nos Estados Unidos e de "arse" no Reino Unido, um termo mais grosseiro, que é muito usado (inclusive pelos meus filhos). Escolha a acepção que mais lhe agrada.

"A mudança sempre traz dádivas."
Price Pritchett

Como ser "preguiçoso" pode torná-lo mais bem-sucedido?

Vamos avaliar precisamente por que fazer menos, naturalmente com a atitude certa, pode torná-lo mais bem-sucedido e revelar os fatos realmente importantes que você deveria realizar.

Estas são algumas perguntas que você deve fazer a si mesmo:

- Eu quero fazer esse trabalho, tarefa ou pegar esse emprego? Mesmo que eu queira, eu preciso fazer isso?
- O resultado ou a consequência compensa meu esforço?
- Eu mesmo tenho de fazer isso?
- Caso eu tenha de fazer isso, qual é o caminho mais curto para o ponto de êxito?
- O que é exatamente esse ponto de êxito e em que etapa estarei apenas desperdiçando meu tempo?

Vamos examinar essas questões e desafiar, a cada etapa, seu raciocínio e comportamento atuais.

Vontade e necessidade

Já vimos que as razões pelas quais você deveria fazer isso são seus esforços que devem se destinar aos 20% que importam, pelo menos para começar. A única maneira de fazer isso é avaliar cada tarefa ou emprego com que você se depara. Sua lista de afazeres deve ser clara, focada e absolutamente relevante para o que você está tentando realizar.

O ponto de partida devem ser as questões "eu quero" e "eu preciso". Sempre faça ambas juntas para obter a resposta certa.

Há ou não uma razão forte para fazer a tarefa? Em caso negativo, não a faça.

Se a resposta for "sim", pode ser o momento de ir em frente.

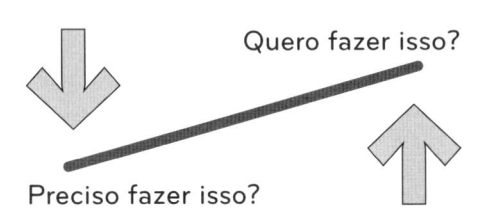

Quero fazer isso?
Preciso fazer isso?

→ **Digno de esforço**

Após avaliar a "vontade" e a "necessidade", a segunda etapa consiste em refletir se a consequência esperada compensa o esforço previsto.

Esses elementos avaliam os 20% e então consideramos a provável consequência.

→ **Uma pessoa melhor**

Mesmo com três "sim" na bagagem, ainda não é hora de tomar a decisão final. Mesmo que queira fazer algo, reflita se você é realmente a pessoa certa para realizar a tarefa. Há alguém mais qualificado que pode e fará o trabalho melhor e mais rápido do que você?

As coisas importantes

Após passar algum tempo pensando nas coisas às quais deveria dar atenção e, portanto, já com a vantagem de ter feito um planejamento simples, você pode se concentrar nas coisas importantes, em vez de se preocupar com as menos relevantes.

Você já fez a si mesmo as três perguntas mais importantes, e agora a responsabilidade é realmente sua, porque você se comprometeu e assumiu esse encargo.

Mesmo assim, o mantra "menos é mais" deve estar passando pela sua cabeça.

Quando você resolve fazer as coisas que deveria fazer, é hora de refletir sobre os seguintes pontos:

- Você pode automatizar suas tarefas? Pode escaloná-las? Elas podem ser reutilizadas em um contexto mais amplo? Use sua criatividade, aquela que todas as pessoas produtivamente preguiçosas têm, e torne-as repetíveis, adequadas para uma finalidade e um público maiores, facilmente disponíveis sem você ter de agir o tempo todo como um guardião (consumindo seu tempo).

> Faça um escalonamento -reutilize

- Você pode simplificá-las? Você pode abreviá-las? Se faz algo complicado e difícil, descubra maneiras de tornar isso mais fácil. Faça uma lista dos passos e veja o que pode ser eliminado ou dinamizado. Quais passos podem ser dados por outra pessoa ou automatizados ou totalmente descartados? Qual é o caminho totalmente mais fácil para fazer isso?

> Simplifique, abrevie
>
> Isso é mesmo necessário?

- A tarefa pode esperar? Ela é realmente necessária quando se supõe isso? Deixá-la para depois terá impacto sobre os outros? Nem sempre você percebe, mas às vezes não se precipitar com algo pode ser uma decisão produtivamente boa, pois, no final, nota-se que isso não era importante ou no mínimo a necessidade desaparece. Nós vivemos em um mundo complexo, no qual borboletas e furacões interagem,[26] de forma que tudo está mudando o tempo todo.

A cada oportunidade, você deve pensar profundamente sobre suas ações e tentar otimizar o retorno que obtém sobre seu investimento pessoal.

Postura clínica

Isso tudo pode parecer frio, clínico e até cínico em alguns casos, mas na verdade não é. Nossa segunda natureza deveria ser refletir sobre cada pedido, prometer apenas aquilo que realmente podemos cumprir e ser honestos conosco sobre o que queremos na vida.

---

26 - "Quando uma borboleta bate as asas em alguma parte do mundo, isso pode de fato causar um furacão em outra", segundo Edward Lorenz, pioneiro da Teoria do Caos. "Butterflies and Hurricanes" também é uma canção do Muse em seu terceiro disco, *Absolution*, e foi o último *single* lançado do disco. Essa foi uma das duas canções gravadas com uma seção de cordas, sendo que ambas foram gravadas, junto com uma antiga versão de "Apocalypse Please", durante os estágios iniciais da gravação. Notável por seu interlúdio de piano à la Rachmaninoff, a canção trata do chamado efeito borboleta da Teoria do Caos e descreve até alterações ínfimas nas condições atuais, como os movimentos das asas das borboletas, que podem causar grandes diferenças no futuro.

Nigel continua progredindo

Nigel estava se sentindo muito satisfeito consigo mesmo. Ele não só havia conseguido adaptar seu "sim" original ao pedido mais recente de ajuda, como depois recebeu um telefonema que o livrou de todas as responsabilidades.

"Acontece que isso teria realmente de ser feito um pouco antes do que eu poderia e há alguém que se sairia muito bem na tarefa, provavelmente até melhor do que eu, então eles deram a incumbência para essa moça", explicou Nigel a um colega de trabalho em uma pausa matinal para o café.

Depois, sua mente voltou ao capítulo do livro que ele havia lido na noite anterior, sobre o mantra "menos é mais" e percebeu o quanto isso era pertinente.

Ele também refletiu sobre sua atual lista de afazeres e imediatamente lembrou de uma tarefa que vinha adiando há algum tempo.

"Hora de enfrentar o pior", declarou Nigel a quem quisesse ouvir, e limpou sua mente e sua mesa para atacar a "grande incumbência".

Nigel realmente não fantasiava comprar uma plaqueta para sua mesa com a inscrição "Por que fazer hoje o que você pode adiar para amanhã". Isso não se encaixava de forma alguma no espírito da preguiça produtiva.

Ele só precisava do incentivo certo para progredir. A essa altura, lembrou-se de uma piada.

Um caminhoneiro, que nunca tivera um telefone celular, era usuário frequente de um telefone público em um café de beira de estrada. Foi um grande inconveniente para ele quando, certo dia, o telefone pifou.

Ele solicitou muitas vezes o conserto do telefone, mas a empresa de telefonia só fazia promessas e nunca resolvia a questão.

Após vários dias, ele resolveu contatar novamente a empresa de telefonia e disse que não havia mais pressa em consertar o telefone. Então, acrescentou que agora o telefone estava funcionando bem, "mas que estava devolvendo o dinheiro aos usuários ao término dos telefonemas".

No prazo de uma hora, um técnico da empresa chegou.

Tendo dissipado qualquer dúvida de que finalmente ia resolver aquela questão, Nigel refletiu sobre todos os ângulos imagináveis do desafio. Depois de fazer ligações para confirmar a situação atual, obter esclarecimentos e pedir ajuda e conselhos, ele montou um plano de ação.

Ele se sentia melhor por finalmente tomar uma atitude. Foi como se o mero fato de ignorar o "problema" o tornasse perceptivelmente maior e mais complexo. Ao perceber isso, Nigel viu que o problema talvez não fosse tão grande quanto imaginara.

De qualquer maneira, estava em vias de eliminar de vez aquele entrave de sua lista de afazeres.

OPORTUNIDADE

"Sorte é o que acontece quando o preparo encontra a oportunidade."

Sêneca

Flexibilidade e oportunidade

Embora estejamos abertos e prontos para novas oportunidades ou para lidar com questões repentinas urgentes, não podemos estar a mil o tempo todo. É o que veremos agora.

Pense sobre isso: todas as vezes que você reduz o limite de seu "trabalho em andamento" (TEA), total ou parte do tempo empenhado em um dado momento em tarefas e trabalhos em andamento, você está automaticamente aumentando sua flexibilidade para cuidar de novas atividades sem impactar esse TEA. Com isso, você aumenta seu "não trabalho em andamento" (NTEA), total ou parte do seu tempo livre em um dado momento.

Caso não adote essa abordagem e corra ao máximo sem parar, você naturalmente irá:

- Ficar esgotado a certa altura.
- Enfrentar momentos em que tem mais a fazer do que pode aguentar fisicamente (e mentalmente).

Não perca oportunidades por estar ocupado demais!

Muitos de nós podemos ser altamente eficientes sob pressão extrema – e isso é ótimo –, mas não é um modelo sustentável, isto é, algo acabará mal, mais provavelmente você.

Trabalhar de modo flexível é essencial para obter êxito genuíno. A questão não é evitar decepcionar alguém com quem você tem compromisso, mas, sim, estar aberto e pronto quando um novo trabalho surge no horizonte imediato.

É possível que, nas próximas 24 horas, aquela "oportunidade" que você tanto queria apareça durante uma reunião ou um telefonema. Como você vai se sentir se tiver de desistir da chance de agarrá-la, de participar ou de comandar tudo só porque já tem compromissos demais?

E se talvez algo imprevisto aconteça, exija sua atenção imediata e, em consequência, você tenha de abandonar algo que realmente queria (e precisava) fazer?

Em ambos os casos – você ficará desapontado –, a culpa é sua. Você se negou a ter flexibilidade para ser versátil – 100% não é uma coisa boa.

Faça este rápido exercício para testar seu grau de versatilidade.

1. Pense sobre seu próximo dia de trabalho – por quantas horas você estará ativo, ou seja, sem dormir? Essa é sua capacidade finita (a menos que você consiga viajar no tempo) para "fazer coisas".
2. OK, agora faça uma lista de tudo o que tem de fazer. Inclua tudo: comer, tomar banho, se deslocar, *e-mails*, reuniões, telefonemas, atividades pessoais e sociais etc.
3. Agora distribua o tempo em horas ou frações de horas para cada tarefa – é fundamental ser honesto consigo mesmo neste momento. Não se engane achando que só vai gastar dez

minutos por dia com *e-mails* ou que conseguirá chegar no escritório em menos de 25 minutos.

4. Agora você pode fazer a soma total... Ou melhor, antes de fazer isso, reveja os cálculos de tempo e aproveite a última chance de ser absolutamente honesto consigo mesmo. Mude os números se sua consciência mandar e então faça a soma final...

E aí, qual foi o resultado? Quantas horas você empenhou além de seu limite finito de capacidade?

Que porcentagem sobrou para lidar com o não planejado e o inesperado?

Se for abaixo de 20%,[27] acho que você está se enganando um pouco e recomendo que examine mais uma vez tudo o que há na lista e o que você talvez não poderia fazer, faria menos, precisaria de ajuda e assim por diante.

Falamos anteriormente sobre uma jornada. É como sair para uma caminhada, e há dois tipos de caminhada: de A para B, na qual a finalidade é partir de A para chegar a B, e, no segundo tipo, você tem bastante tempo e prazer na caminhada, é ir em seu ritmo e descobrir lugares interessantes no caminho. Para uma "pessoa produtiva, porém preguiçosa", a jornada de A para B é a ideal – de fato, em uma

**Lembre-se:
Pense – Planeje –
Priorize – Concentre-se**

---

27 - Veja só, voltamos à velha e boa regra 80/20. Incidentalmente o Princípio de Pareto teve destaque no campeão de vendas de 2007, *The 4-Hour-Workweek*, de Tim Ferriss. O autor recomenda concentrar a atenção naqueles 20% que contribuem para 80% do resultado. Mais importante ainda, ele também sugere dispensar aqueles 20% dos clientes que ocupam a maioria do tempo e causam grande parte dos problemas. Em termos de prioridades pessoais, você deveria pensar em "dispensar" 20% das atividades mais irrelevantes, para que possa ter um desempenho melhor nas 80% que realmente importam e ser flexível para novas oportunidades.

autêntica abordagem "produtivamente preguiçosa", você até poderia dispensar B e ir direto para C, se C for seu próximo destino. Bem, ao permitir-se o grau certo de flexibilidade, ocasionalmente, você pode optar por fazer a jornada mais lenta e panorâmica, e descobrir alguns lugares interessantes.

Agora reserve um tempo para refletir sobre a lista que você fez e, para começar, tente reduzir ou eliminar pelo menos um dos itens na lista – e, atenção, isso não se aplica a "comer" ou "respirar"!

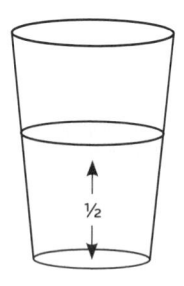

Há um copo de água na mesa...

Um homem pode dizer, "Metade dele está cheia". Ele é tradicionalmente considerado um otimista.

Outro homem pode dizer, "Metade do copo está vazia". Ele é tradicionalmente considerado um pessimista.

O terceiro homem pode dizer, "Ele tem o dobro de água do que é necessário". Provavelmente, seja um consultor de negócios e cobrará por sua análise.[28]

No entanto, a pessoa produtivamente preguiçosa deveria dizer: "O copo e a bebida estão em ordem. O copo pode ser enchido até a borda se eu tiver sede ou se alguém se oferecer para me pagar outra dose, ou esvaziado rapidamente se de repente surgir champanhe grátis".

---

28 - Peço desculpas a todos os consultores de negócios, afinal, eu já atuei nisso, mas agora estou bem. Para passar uma visão equilibrada, inseri nos apêndices algumas definições que insultam outras profissões.

Nigel se prepara para o surgimento da oportunidade

Sentindo-se bem após enfrentar seu problema principal e com a aplicação bem-sucedida do plano sagaz, Nigel pegou o livro que havia inspirado esse plano de extrema inteligência e tinha o instigado a confrontar seus desafios. Ele terminou o exercício de versatilidade e percebeu que sua flexibilidade estava quase inerte. Por certo, mudanças eram necessárias.

Nigel entendeu que precisava ser eficiente em sua maneira de trabalhar e, como sempre no seu caso, havia uma piada sobre eficiência em seu repertório mental.

Um especialista em eficiência terminou sua palestra com um uma advertência. "Não testem essas técnicas em casa."

"Por que não?", perguntou alguém da plateia.

"Observei durante anos a rotina da minha mulher no café da manhã", explicou o especialista. "Ela fazia muitos deslocamentos entre a geladeira, o fogão, a mesa e os armários, com frequência pegando apenas um item de cada vez. Certo dia, eu disse a ela, "Você está desperdiçando tempo demais, querida. Por que você não tenta pegar várias coisas de uma vez só?"

"Isso poupou tempo?", perguntou o sujeito na plateia.

"Na verdade, sim", respondeu o especialista. "Antes ela levava vinte minutos para preparar o café da manhã. Agora eu o preparo em dez."

Examinando sua autoavaliação, o olhar dele foi imediatamente atraído pelo número de horas que gastava com *e-mails* todo dia. Lembrou-se de uma corrida no passado, na qual o treinador falou, "Se fizer rodeios, você perde o controle". Nesse caso, Nigel sabia que tinha um excesso de *e-mails* e, em consequência, não estava no controle. Dessa maneira, tinha certeza de que perdia algumas coisas importantes que um dia voltariam para magoá-lo.

Nigel tomou uma decisão. A primeira coisa do dia seguinte seria se concentrar em botar a caixa de entrada em ordem e questionar cada *e-mail* recebido naquele dia para ver se era realmente necessário se envolver ou não na cadeia.

Ele cogitou que seria interessante ter na mesa uma plaqueta com a inscrição "Se é preciso ficar revendo os *e-mails* de cima para baixo, você perdeu o controle".

"Atenha-se às suas decisões,
mas mantenha uma postura flexível."
Tom Robbins

Continuamos firmes?

Após ter constatado o valor do "sim", vamos aprender a considerar qual é o caminho mais apropriado a seguir para alcançar o ponto certo de esforço – aquele ponto no qual o valor máximo foi obtido para o esforço ideal.

Quando eu era criança, não conseguia entender por que nossa família ficava tanto tempo dentro do carro para passar o dia em algum lugar especial. Enquanto os minutos e, às vezes, as horas passavam durante a viagem, eu olhava pela janela e via uma sucessão de lugares interessantes ficando para trás. O que havia de errado em parar naquele parque? Naquela mata? Naquele rio? Por que tínhamos de continuar até o destino escolhido pelos nossos pais?

No final, sempre chegávamos a algum lugar bom e tínhamos um dia maravilhoso, mas eu ficaria feliz do mesmo jeito (pelo menos é o que eu achava) parando antes e passando menos tempo no carro.

Meu "ponto de êxito" ideal para um dia de passeio era bem anterior ao dos meus pais.[29] Talvez eu sempre tenha sido preguiçoso (de uma maneira positiva, claro).

Agora, porém, chegamos às duas últimas questões-chave[30] daquelas cinco mencionadas no início deste livro.

- Se você tem de fazer algo, qual é o caminho mais curto para o ponto de êxito?
- Qual é exatamente o ponto de êxito e em que etapa você estará apenas desperdiçando seu tempo?

---

29 - Como revela a dedicatória no começo deste livro, meus pais agora abandonaram o carro e preferem aviões – as viagens continuam, mas são para lugares mais distantes (e eles não me convidam mais).

30 - Você lembra que em uma parte anterior do livro (Momento de decisão) precisou responder todas as minhas perguntas? Sei que você estava pensando, "Ele fez seis perguntas ou apenas cinco?" Bem, o que você acha agora?

Qual é o caminho curto mais aceitável?

Qual é o ponto inicial de êxito?

Se você tem de fazer algo e quer fazê-lo, o que realmente é preciso fazer? Qual é o caminho mais curto para o ponto de êxito? Somos todos guiados pelo desejo de, se possível, fazer um ótimo trabalho, mas há uma diferença entre se ater à tarefa e ir além dela.

O desempenho superior à demanda ou ao dever pode ser apropriado em alguns casos, sobretudo quando se está lidando com alguém pela primeira vez e tentando impressioná-lo, mas, na maioria dos casos, isso não é apropriado ou benéfico para ninguém.

Como você pode identificar exatamente esse ponto de êxito além do qual você estará apenas desperdiçando tempo?

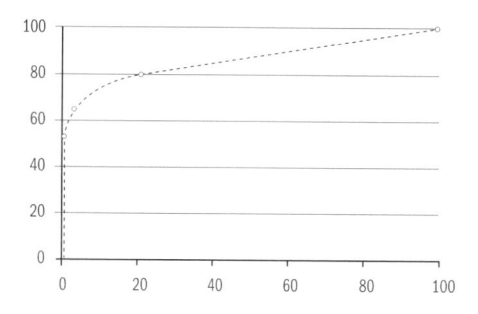

Você precisa identificar o "ponto certo", que pode ser definido como o ponto em que o retorno cumulativo de seu esforço pessoal supera o benefício do desempenho superior. Para ajudá-lo nisso, a velha e boa regra 80/20 volta à tona e mostra o caminho.

Sim, 20% do esforço produz 80% do benefício.

Fácil! Bem, talvez, mas faça sua lição de casa e certifique-se de que, em cada situação ou caso, os 80% de benefícios estejam presentes e garantidos.

Você só precisa decidir se os 80% de benefícios são suficientes ou não para as finalidades dessa tarefa específica e, em caso negativo, qual será a porcentagem. Essa decisão deve ser baseada em:

- padrões de qualidade e segurança, requisitos legais ou outros protocolos rígidos de governança.

Supondo que não estejamos falando dessas questões, essa decisão será motivada por:

 SATISFAÇÃO PESSOAL. Em que nível você colocaria o limite de satisfação – o perigo aqui é se empenhar em demasia só porque você gosta da atividade, o que é bom se você tem tempo disponível, porém contraproducente caso lhe falte tempo.
 DESEJO DE AGRADAR. Até que ponto você está tentando satisfazer os outros? Talvez esse seja um trabalho comum, que pode ser feito em um nível aceitável e deixar as pessoas satisfeitas ou essa pode ser uma situação na qual você realmente quer impressionar.

Tente achar o "ponto certo" todas as vezes que você se envolver em uma atividade; isso deverá ser parte do estágio de planejamento de tudo o que você faz.
 Não esquematize em excesso; não use recursos demais; não complique além da conta; e não rebusque aquilo que só precisa ser feito num nível "apenas suficiente".
 No entanto, não seja negligente.
 Repetir tarefas, recuperar o que já foi feito, dobrar esforços: tudo isso desperdiça tempo e é contraproducente. Então, por que pegar esse caminho quando você está lutando para ser eficiente em tudo o que faz? É bobagem se acabar com uma simples lista de afazeres, que só vai aumentar o esforço que cada tarefa requer e vai envolver um desempenho de baixa qualidade, que o pressionará de volta à sua capacidade máxima. Isso não tem sentido!

> **Não desperdice seu tempo valioso corrigindo erros – em primeiro lugar, evite erros.**

Nigel entende o ponto certo

Em uma pausa para o café, Nigel não tinha certeza de que dia da semana era esse, mas sabia que não era o primeiro, o segundo, o terceiro nem o quarto, então teve um momento de inspiração.

Ele decidiu na hora montar uma proposta com sua grande ideia para seu chefe. Ele estava muito empolgado não só porque a ideia era boa, mas porque normalmente nunca tinha tempo para ideias assim. Algo devia estar funcionando.

Conversando com um colega sobre ela, surgiu a questão do quanto Nigel deveria detalhar a proposta e quando conversar com seu chefe a respeito. Nigel pensou imediatamente que precisaria usar nisso grande parte de seu tempo livre recém-conquistado e fazer uma boa pesquisa antes de marcar a reunião. Seu colega opinou que essa não era a melhor maneira.

"Gaste algum tempo pensando bem, analisando todos os ângulos e certifique-se de ter prontas as respostas básicas caso seja questionado", foi o conselho do colega. "Em seguida, supondo que a ideia seja bem recebida, você pode combinar com o chefe para usar parte de seu tempo de trabalho no desenvolvimento da próxima etapa."

Isso tinha sentido para Nigel. Além de poder marcar a reunião mais rapidamente, se tudo corresse bem, ele evitaria trabalhar demais em seu tempo livre. Tudo lhe parecia positivo.

Ele agradeceu o colega e aceitou o conselho. De fato, poderia ter algum tempo nesse fim de semana para finalmente tirar seus tacos de golfe da garagem.

Nigel joga golfe... raramente. Parecia nunca ter tempo para isso no passado, mas entendeu o conceito de ponto certo quando se trata de fazer contato entre o taco de golfe e a bola.

Ele tinha muitas piadas sobre golfe, mas todas eram tão horríveis que ele se abstinha de contá-las a qualquer pessoa.

MUDANÇA

"Se você acha que pode ou acha que não pode, em ambos os casos você está certo."

Henry Ford

Saindo da zona de conforto

Agora vamos comparar o desejo de mudar com a resistência à mudança, a qual nos impede de fazer quaisquer ajustes importantes em nossa maneira de ser, a fim de achar a combinação certa para adquirir a velocidade de escape.

É importante entender os dois lados na balança da mudança quando se quer adquirir as maneiras de um vencedor preguiçoso.

Sem atingir uma certa "velocidade de escape" (como nos voos espaciais[31]), você nunca fará algo diferente. Muitas vezes torna-se mais fácil decidir ser diferente ou realizar alguma mudança quando você não tem escolha na questão, quando forças externas[32] o obrigam

---

31 - Na física, a velocidade de escape é a velocidade na qual a soma da energia cinética com a energia potencial gravitacional de um objeto dá zero. Essa é a velocidade requerida para se "libertar" de um campo gravitacional sem propulsão adicional. Na verdade, "velocidade de escape" não é um bom termo, pois o conceito se refere a uma velocidade escalar que independe da direção, enquanto a velocidade é a medida da velocidade e da direção da mudança na posição de um objeto.

32 - Em parte, me tornei escritor devido a circunstâncias de vida que me forçaram a rever como eu trabalhava. A isso se somou o conselho de um influenciador externo: eu deveria pensar em ter mais de um "ás na manga" no futuro. (Uma pessoa que tem mais de um ás na manga tem diferentes talentos ou habilidades aos quais pode recorrer.)

a mudar. Mas estamos falando aqui sobre atingir o ponto de decisão consciente para fazer uma mudança pessoal.

Veja isso por esta perspectiva.

A mudança pode ser descrita como P(resente), que é onde você está agora, D(esejo), onde você quer estar, e B(enefício), que é a recompensa resultante da mudança em questão.

Por exemplo...

Efeito: minha casa é apertada e barulhenta, e, para piorar, não tenho onde colocar as coisas... Isso torna a vida menos agradável!

Isso pode ser descrito como: minha casa atual é pequena demais (P), eu gostaria de ter uma casa maior (D) e o benefício de ter uma casa maior seria mais espaço para mim e para minha família (B).

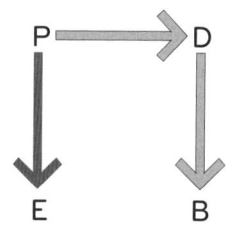

```
P ──────▶ D
│         │
▼         ▼
E         B
```

E (feitos) também são importantes, pois forçarão uma mudança

Agora, no que se refere à mudança, você pode estar em diferentes estágios.

- Você pode não ter percepção de seus problemas ou da necessidade de mudar (o que é improvável, já que investiu em um livro para ajudá-lo a efetuar alguma mudança em sua vida. Ou talvez alguém tenha lhe dado este livro, o que pode indicar que essa pessoa tem noção de suas necessidades).
- Você pode ter noção, mas precisa de uma solução ou de um plano (bem, tomara que este livro possa ajudá-lo).
- Você pode ter um plano, mas precisa de ajuda para realizá-lo.

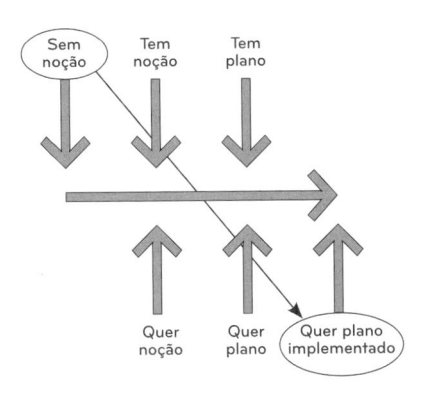

```
Sem      Tem      Tem
noção    noção    plano
  ↓        ↓        ↓
  —————————————————→
  ↑        ↑        ↑
Quer     Quer    Quer plano
noção    plano   implementado
```

Por exemplo...

- Falta de noção – Por que minha casa parece tão apertada e barulhenta e falta lugar para pôr as coisas?
- Noção, mas sem plano – Minha casa é pequena demais, o que devo fazer?
- Noção e plano – Minha casa é pequena demais e preciso me mudar, mas como farei isso?

Atenção: vamos recorrer de novo à ciência.

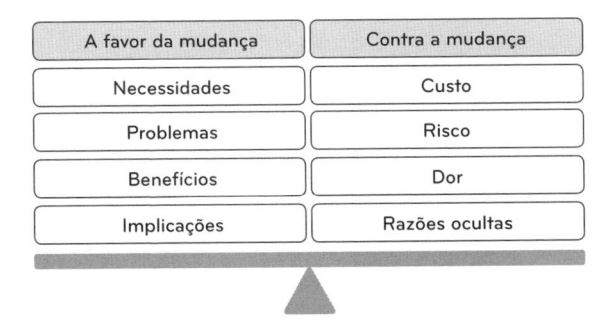

A favor da mudança	Contra a mudança
Necessidades	Custo
Problemas	Risco
Benefícios	Dor
Implicações	Razões ocultas

Contra a mudança

Instigar alguém a mudar é um ato necessário que visa o equilíbrio. Certas resistências, porém, impedem a realização da mudança ou, no mínimo, fazem com que surjam argumentos pessoais contra a mudança (os quais podem ser aquelas vozes internas que se ouvem de vez em quando).

Custo. Tudo envolve algum custo, seja dinheiro que precisará ser investido ou tempo e esforço (e ter de se desviar de outras questões).

Risco. A preocupação com o que a mudança produzirá abrange riscos, como fracassar e precisar se recuperar, ter de refazer o trabalho ou passar vergonha. No caso de falhar, há a preocupação com o que isso significará para você e os outros.

Dor. É necessário reconhecer que a mudança geralmente implica algum tipo de dor que deve ser suportada, ou seja, é preciso sentir os aspectos negativos do processo de se transformar.

Razões ocultas. Frequentemente, é possível desvendar os três primeiros pontos, mas é possível que existam razões "ocultas" alimentando a resistência à mudança. Se for o seu caso, basta ser honesto consigo mesmo. No caso de outras pessoas, sempre é mais difícil entender o que as leva a não querer mudar.

Isso dificulta avaliar o "equilíbrio" da resistência, pois, embora seja possível quantificar e lidar com os elementos de custo, risco e dor, os pontos ocultos continuam escondidos e, portanto, não podem ser medidos.

A favor da mudança
No outro prato da balança estão as razões para mudar.

Necessidades. Os propulsores definitivos para adotar um processo de mudança, a necessidade da pessoa de fazer uma mudança.

Problemas. O que está causando algum problema ou preocupação na situação atual e que desperta o desejo de fazer alguma mudança?
Benefícios. Quais são os benefícios desejáveis dessa mudança, os resultados benéficos esperados por adotar algo novo?
Implicações. Se nenhuma mudança for iniciada, qual será o impacto e quais serão as consequências? A implicação é algo que deve estimular efetivamente a necessidade de mudar.

Portanto, você deve se certificar de que a balança pende mais para o lado "a favor da mudança", para poder encarar a chance de tornar a mudança uma realidade.

Fórmula para mudar

Há outra fórmula que também é útil. A fórmula para mudar foi criada por Richard Beckhard e David Gleicher, aperfeiçoada por Kathie Dannemiller e, às vezes, é chamada de Fórmula de Gleicher.[33] Essa fórmula (I × V × P × LC > R) serve de modelo para avaliar as forças relativas que afetam o potencial êxito, inclusive de programas de mudança organizacional.

Três fatores devem estar presentes para que a mudança organizacional importante seja efetuada. Esses fatores são:

I = Insatisfação com o atual estado das coisas
V = Visão do que é possível

---

33 - A fórmula original, criada por Gleicher e de autoria de Beckhard e Harris, é: C = (ABD) > X, sendo que C é mudança, A é a situação atual, B é o estado claramente desejado, D são passos práticos para o estado desejado, e X é o custo da mudança. Foi Kathleen Dannemiller que tirou a fórmula do esquecimento e a simplificou, tornando-a mais acessível para consultores e administradores.

P = Primeiros passos concretos que podem ser dados em direção à visão
LC = Liderança Criativa rumo à visão

Se o produto desses quatro fatores for maior do que

R = Resistência

Então a mudança é possível. Como I, V e P são multiplicados, se qualquer um deles estiver ausente ou for baixo, então o produto será baixo e, portanto, incapaz de vencer a resistência.

Para assegurar uma mudança bem-sucedida é necessário usar influência e raciocínio estratégico, a fim de criar uma visão e identificar os primeiros passos cruciais em direção a ela. Além disso, a empresa deve admitir e aceitar a insatisfação existente, transmitindo tendências do ramo, ideias de liderança, as melhores práticas e análise competitiva para identificar a necessidade de mudança.

> "A mudança interna é inevitável
> – exceto para máquinas."
> *Robert C. Gallagher*

Lidando com a mudança

Este livro é sobre mudança, mas não se propõe a ensinar uma teoria de mudança pessoal. Para uma visão geral ou análise de alto nível sobre o que os indivíduos comumente vivenciam quando se deparam com uma mudança, o modelo de John Fisher[34] para mudança pessoal é bom. Ele sugere que podemos ter diversas emoções em diferentes etapas do processo de mudança, incluindo:

- Ansiedade – A consciência de que eventos estão fora do nosso alcance, compreensão ou controle.
- Felicidade – A consciência de que nosso ponto de vista é reconhecido e partilhado pelos outros.
- Temor – A consciência de uma mudança incidental iminente em nosso sistema comportamental básico.
- Ameaça – A consciência de uma mudança abrangente iminente em nossa estrutura comportamental básica.
- Culpa – Consciência de desarranjo em nossa autopercepção básica.
- Depressão – Esta fase se caracteriza por confusão e falta generalizada de motivação.
- Desilusão – A consciência de que nossos valores, crenças e metas são incompatíveis com as pessoas ao nosso redor.
- Hostilidade – Esforço constante para validar expectativas sociais que comprovadamente já fracassaram.
- Negação – Falta de aceitação de qualquer mudança e negação de que haverá algum impacto sobre nós como indivíduos.

---

34 - Apresentado pela primeira vez em 1999 no X Congresso Internacional de Desenvolvimento Pessoal, em Berlim, e posteriormente desenvolvido em seu trabalho na Universidade de Leicester, Inglaterra, sobre teoria construtivista em relação a empresas de prestação de serviços, o modelo de mudança pessoal de John Fisher, *The Transition Curve*, é uma excelente análise de como os indivíduos lidam com a mudança pessoal. Esse modelo é uma referência muito útil para indivíduos que estejam lidando com uma mudança pessoal e para administradores e empresas que queiram ajudar sua equipe a lidar com eventuais mudanças pessoais.

OK, basta de ciência! É hora de relaxar de novo.

Concordo que é muita coisa para digerir, mas concentre-se apenas nisto: pequenas mudanças de cada vez funcionam melhor (acompanhadas por algum tipo de visão de onde você quer chegar) e tendem a ser menos doloridas, causar menos preocupação e ter menos custos. Tipicamente elas não colocam "peso" demais no prato "contra a mudança" da balança.

Faça a mudança com pequenos passos de cada vez.

Nigel toma uma decisão impulsiva

Embora satisfeito com seus sucessos recentes, Nigel ainda estava trabalhando muitas horas e sem tempo suficiente para relaxar em casa com a família.

Agora ele tinha uma visão de onde queria estar dali a algumas semanas, alguns meses e no prazo de um ano, e já sentira o benefício de pedir ajuda aos colegas. Seu desafio era clássico, aquele de "o que vem primeiro" – como você pode efetuar mudanças para valer quando já está muito ocupado? E como deixar de ser tão ocupado para poder efetuar as mudanças?

Nigel sabe uma piada sobre resolver o problema das prioridades.

Pergunta: O que surgiu primeiro, o ovo ou a galinha?

Resposta: A galinha é apenas um meio para o ovo fazer outro ovo.

Essa é uma das piadas mais sutis de Nigel.

Nigel sabe outra piada sobre o ovo e a galinha,[35] mas não pode contá-la em qualquer lugar, pois a piada não tem nada de sutil.

---

35 - A verdadeira resposta a esse velho enigma está nos apêndices. Se quiser ouvir a outra piada de Nigel, basta lhe oferecer uma cerveja quando não houver alguém melindroso por perto.

Após refletir bem, Nigel chegou à conclusão de que estava sentindo certa resistência em mudar. Então, pegou este livro e releu a parte sobre custo, risco, dor e razões ocultas que pesam contra a mudança.

Sua mente se fixou em um dos elementos de risco, "reconhecer que a mudança geralmente implica algum tipo de dor que deve ser suportada, ou seja, é preciso sentir os aspectos negativos do processo de se transformar".

Nigel concluiu que precisava lidar com seu trabalho acumulado. Ele andava mais cauteloso para dizer "sim" e mais moderado nos esforços feitos no trabalho em andamento, mas obviamente sem prejudicar a qualidade requerida. Então, resolveu abordar seu desafio de duas maneiras.

Declarou à sua família que nas próximas duas semanas trabalharia ainda mais, como exercício inicial – explicou o que estava tentando fazer e pediu ajuda e compreensão. Em segundo lugar, ele examinaria todas as tarefas com total honestidade, as reduziria, lhes daria a devida dimensão e pararia de trabalhar naquelas que poderiam de fato ser deixadas de lado. Nesses casos ele explicaria a todas as pessoas afetadas o que estava fazendo e novamente pediria ajuda e compreensão.

Em suma, ele "suportaria alguma dor para obter algum ganho", mas somente por um determinado e curto período de tempo.

A influência dos cinco e a relação dos seis

Vejamos de quais maneiras você pode ser influenciado e como obter o máximo de vantagem em seu círculo mais próximo e também em sua rede de oportunidades. Você pode ficar surpreso ao ver que essa rede é bem maior e mais próxima do que você imagina.

Para ser diferente de alguma maneira e mudar seu jeito de ser, ou se você já começou esse processo, certamente você precisará de ajuda (além de um bom livro e guia como *A Arte da Preguiça Produtiva*) para obter resultados.

Aqui estão duas maneiras para entender o que e quem ao seu redor exercem boa ou má influência, e como ajustar sua atual rede de influência para obter o que você deseja.

Quando reflito sobre o passado, vejo que muitas pessoas me influenciaram ao longo dos anos, mas eu não percebia isso naquele momento.

> "Não é preciso ser uma 'pessoa de influência' para ser influente. De fato, as pessoas mais influentes em minha vida provavelmente nem sabem que me ensinaram tantas coisas."
>
> Scott Adams

A influência dos cinco

Dizem que temos uma média de cinco pessoas às quais somos mais ligados.[36] Portanto, caso você seja uma das cinco pessoas mais

---

36 - "Você é a média das cinco pessoas com as quais passa mais tempo", sugeriu o americano Jim Rohn (1930-2009), empreendedor, palestrante motivacional, escritor e guru de autoajuda. Sua própria história de ascensão teve papel importante em seu trabalho, o qual influenciou outros profissionais do ramo de desenvolvimento pessoal.

próximas de outras, você tem uma grande oportunidade de se promover nos seus desejos pessoais e no seu trabalho. Se mostrar sempre um entusiasmo (razoável), você realmente poderá influenciar os outros ao seu redor.

Dizem também que o entusiasmo (assim como sua falta) é contagiante, portanto, seja cuidadoso e positivo. Sempre, mesmo nas horas difíceis, apresente o que você está tentando fazer de uma maneira que seja:

- **Positiva** – Como se sabe, seu entusiasmo com o que você está fazendo pode ser contagiante e cativante e levar as pessoas a verem seus aspectos positivos, o que é uma boa coisa.
- **Boa para todos os envolvidos** – Ouça as opiniões das pessoas, tente identificar os desafios que elas enfrentam e procure ajudá-las.
- **A coisa certa a fazer** – Fale a respeito do "bem maior" para todos os envolvidos ou associados à mudança.

Obviamente, você tem de manter a mente aberta e ser visto como alguém que preza as opiniões alheias.

Considere-se também como o elemento extra daqueles cinco. Isso quer dizer que não se trata apenas de você ser livremente influenciado pelos outros ao seu redor, pois seu espírito, personalidade e força de caráter têm forte conexão com o grau que você é influenciado e influencia os outros.

Agora, na medida em que quer mudar em algum aspecto positivo, avalie sua própria "relação dos cinco". Quem são eles? Eles são as melhores influências para ajudar na sua jornada? Com quem você se ligaria para obter mais ajuda?

Faça a seguinte avaliação imediatamente.

Pergunta: Atualmente, quem são as cinco pessoas com as quais você passa mais tempo?[37]

- Como elas são?
- Quais são suas três qualidades principais?
- Qual é a proporção de tempo que você passa com elas?

Muito bem, agora responda a estas perguntas.

Pergunta: O que você gostaria de mudar?

- Qual ideal você está buscando?
- Quais qualidades você quer ter?
- Para onde sua jornada o levará?

E finalmente:

- As cinco pessoas com as quais você têm maior ligação combinam com quem você quer ser no futuro?

Veja bem, não estou sugerindo de forma alguma que você rompa friamente com elas e procure cinco relacionamentos novos (melhores). Estou apenas sugerindo que a mudança é mais fácil quando você tem um bom apoio nesse processo. Se você estiver constantemente cercado por pessoas negativas e temerosas, isso terá impacto em quem você se tornará e em sua evolução na vida.

Aqui vai outra pergunta que tem duas partes.

---

37 - Aqui eu atentaria para adultos, embora seja surpreendente o quanto seus filhos podem ser influentes.

Pergunta: Entre seus conhecidos, com qual deles você gostaria de se parecer, pois personifica aquilo que você gostaria de mudar?

Pergunta: Entre todas as pessoas que você conhece, com qual delas você aspiraria se parecer, pois encarna aquilo que você gostaria de mudar? A diferença aqui é que você pode escolher qualquer pessoa, mesmo que não a conheça de fato. Pode ser alguém famoso ou não, vivo ou não, que viva em qualquer lugar.

Agora, para a pessoa da primeira pergunta, pense em como ficar mais próximo dela, ser mais influenciado por ela e torná-la uma de suas cinco grandes influências.

Para a pessoa da segunda pergunta, com a qual você não tem contato, como você pode se aproximar dela?

Bem, você pode tentar fazer contato com ela; nunca se sabe o que pode acontecer. Hoje em dia, a maioria das pessoas mantém canais diretos de comunicação (ou por meio de representantes) através de *e-mail*, redes sociais, *sites*, cartas, telefonemas e assim por diante.

Caso um contato direto seja inviável, você sempre tem acesso à essência da pessoa através de sua obra: livros, *blogs*, artigos, *webcasts*, cursos ou materiais de treinamento, apresentações ao vivo – às quais você pode ir ou ouvir em gravações –, programas de televisão ou rádio, enfim, há muitos meios de fazer uma conexão indireta.

A relação dos seis

Um "grau de separação" é uma medida da distância social entre as pessoas. Você está a um grau de distância de todos os seus conhecidos, a dois graus de distância de todos que eles conhecem e assim por diante.[38] Pense nisso como uma vasta teia de aranha que, de certa forma, liga-o a todo mundo.

Portanto, uma rede pessoal é um conjunto de contatos humanos conhecidos de um indivíduo, com o qual o indivíduo espera interagir de vez em quando para apoiar certas atividades. O status de "conhecer" não necessariamente implica um conhecimento ou compreensão profunda entre as partes envolvidas, e, sim, que elas estão de certa forma ligadas e têm algum interesse ou base mútua.

Redes pessoais visam ser mutuamente benéficas – ampliando o conceito de trabalho de equipe além do grupo de pares imediato. O termo é muito usado em ambientes de trabalho, mas hoje em dia também se aplica a situações cotidianas particulares. Geralmente, essas redes demandam bastante tempo para se formar e, atualmente, há muitos meios baseados em tecnologia que ajudam a criar redes – conectando, seguindo, atualizando, compartilhando e comunicando – globalmente.[39]

Pode ser através de uma rede desse tipo que você conseguirá de fato ter acesso e se ligar àquela pessoa que gostaria de ter entre suas maiores influências, embora não a conheça pessoalmente.

Uma das grandes lições que tive durante a formação das minhas redes pessoais foi que, na maior parte do tempo, as pessoas estão dispostas a ajudar e têm prazer em fazer isso. Obviamente, você tem de estar disposto a mostrar reciprocidade, pois é assim que a coisa funciona. Muitas vezes fiquei surpreso com a rapidez com que

---

38 - O conceito dos seis graus de separação (também conhecido como a "teia de aranha humana") alude à ideia de que todos estão, em média, aproximadamente a seis passos de distância de qualquer outra pessoa no mundo. Assim, pode-se afirmar que há uma cadeia de "amigo de um amigo" que geralmente liga quaisquer duas pessoas em seis passos ou menos. A ideia foi originalmente proposta pelo escritor húngaro Frigyes Karinthy e ganhou popularidade em uma peça escrita por John Guare.

39 - Não vou citar todas aqui já que todos as conhecem, mas estou na maioria das redes e sinta-se à vontade para fazer contato. Não estou prometendo ser uma boa influência para você, mas fico feliz em partilhar minha rede, se possível, para nossa vantagem mútua.

pude contatar alguém que eu queria – outros autores e palestrantes dos quais eu era já fã há algum tempo – e como todos eles estavam dispostos a se comunicar comigo e a me ajudar.

Pense com quem você gostaria de fazer contato, por que e como essa pessoa poderia ajudá-lo (e prontifique-se a retribuir oferecendo sua ajuda). Atualmente, quem você conhece que pode introduzi-lo no caminho ligado à sua meta final?

Influenciadores

Ao refletir sobre quem está lhe influenciando atualmente e quem teria uma influência melhor sobre você, de certa forma, é possível efetuar uma mudança através de outras pessoas.

> Quem são seus influenciadores e como você pode obter mais influenciadores para ajudá-lo?

A jornada sempre é mais fácil quando outros a seu lado fazem comentários positivos e dão boas sugestões.

Nigel faz alguns novos amigos

Nigel está tomando um cappuccino na cafeteria que frequenta. Foram duas semanas difíceis, na realidade mais de duas, mas ele sentia que realizara algo muito positivo.

Nessa noite, como agradecimento pelo apoio e estímulo que recebeu de sua família, ele vai levar o pessoal para jantar fora, com direito a vinho. E agora, como prêmio para si mesmo, ele está reservando tempo para reler o livro. A parte sobre influência foi muito interessante e Nigel refletiu de novo sobre a orientação dada por um colega influente em relação à sua grande ideia no trabalho. Essa fora uma boa influência e rendera dividendos.

Ele sorriu ao lembrar-se de uma piada sobre os benefícios esperados da influência e o potencial lado negativo quando as coisas não saem conforme o esperado.

Uma senhora aborda o padre de sua paróquia para lhe falar sobre um problema que ela tem.

"Padre, estou com um problema. Ganhei duas maravilhosas fêmeas de papagaio, mas elas só sabem dizer uma coisa."

"O que elas dizem?", perguntou o padre.

Elas só falam, "Oi, nós somos prostitutas. Você quer se divertir conosco?"

"Isso é terrível!", exclamou o padre. "Mas eu tenho a solução para o seu problema. Leve-as à minha casa e eu vou colocá-las com os meus dois papagaios machos. Eu os ensinei a rezar e a ler a Bíblia. Meus papagaios vão ensinar suas fêmeas a pararem de dizer essa frase horrível e a reverenciarem Deus."

"Muito obrigada!", respondeu a mulher.

No dia seguinte, a senhora levou as duas fêmeas à casa do padre. Os dois papagaios do padre estavam segurando terços e rezando em sua gaiola. A senhora colocou as fêmeas na gaiola com os machos, e ela e o padre saíram de perto.

Uma hora depois, após uma xícara de chá, os dois voltaram para a sala e ouviram as fêmeas dizerem: "Oi, nós somos prostitutas. Você quer se divertir conosco?"

Um papagaio macho olha para o outro e diz: "Esqueça a Bíblia. Nossas preces foram atendidas!"

Nigel quase deu uma gargalhada ao lembrar-se dessa piada, mas se segurou e tomou mais um gole de cappuccino.

Hoje à noite, pensou, ele refletiria sobre os influenciadores em sua vida e faria mais alguns planos. Ou melhor, ele faria isso amanhã, pois essa noite estava reservada para a família.

IMPULSO

"Não é que eu seja tão inteligente, a questão é que reflito mais sobre os problemas."
Albert Einstein

Quando a situação fica difícil

Aqui veremos quando alguém admite abertamente que deu com a cabeça na parede e perdeu o rumo, e algumas ideias sobre como superar um momento difícil[40] compartilhando as dificuldades.

O caminho para a preguiça produtiva não é necessariamente fácil.

Quando você dá com a cabeça na parede

É possível que, apesar de toda essa reflexão, planejamento e foco, do plano claro de ação e da lista de afazeres concisa e pertinente, você se choque com a parede da inação, com a areia movediça da apatia, com a selva da procrastinação. E você paralisa.

Se isso acontecer, aqui estão duas dicas que podem recolocá-lo nos trilhos.

---

40 - "Quando a situação fica difícil, os fortes começam a agir" é um ditado popular. A frase é atribuída tanto a Joseph P. Kennedy, pai do ex-presidente americano John F. Kennedy, como ao jogador e treinador de futebol americano de origem norueguesa Knute Rockne. Uma canção homônima foi gravada por Billy Ocean em 1985.

1. Leia *Eat that Frog!*, de Brian Tracy, uma obra fácil, perspicaz e útil.[41] A chave para atingir altos níveis de desempenho e produtividade é cultivar para sempre o hábito de começar cada manhã enfrentando sua tarefa principal.
2. Vá em frente e faça algo totalmente diferente. Algo que realmente faça você se mexer, algo que o empolgue para valer. Caso esteja sem inspiração para fazer algo, provavelmente é porque isso lhe parece muito enfadonho. Nesse caso, opte por algo que não pareça tão maçante, algo bem mais empolgante. Prepare uma lista de coisas importantes, produtivas e animadoras que você poderia fazer e se atenha a essas tarefas. Além de evitar algo chato, você ficará motivado a fazer outras coisas mais interessantes. E quando recuperar a energia e o entusiasmo, você verá que pode enfrentar as coisas maçantes com entusiasmo e êxito. Você só precisava se sentir motivado.

Curiosamente, já comprovei muitas vezes que quando se dá com a cabeça na parede, você se retira e vai fazer algo mais empolgante, e essa atividade diferente acaba sendo útil na sequência. Talvez seja porque você tende a fazer coisas que sabe, inconscientemente, que podem ser úteis ou relevantes, ou porque você pensa em termos de "como reutilizar esse lance ótimo que criei agora há pouco" ao resolver problemas, ou talvez uma mescla das duas coisas.

Seja como for, parece que pouco do que eu faço, mesmo nesses momentos de recuperar a motivação, acaba sendo desperdiçado.

---

41 - Em seu livro *Eat That Frog!*, o autor Brian Tracy ajuda o leitor a parar de procrastinar e a ser mais eficaz na administração do seu tempo. A chave para atingir altos níveis de desempenho e produtividade é cultivar para sempre o hábito de começar cada manhã enfrentando sua tarefa principal. Um velho ditado diz que se você engolir um sapo de manhã, nada pior poderá acontecer no resto do dia. Seu "sapo" deve ser o item mais difícil de sua lista de tarefas.

Acompanhe a pulsação

Pode surgir a necessidade de assumir uma ou múltiplas tarefas. Na realidade, nós não conseguimos sobreviver sem múltiplas tarefas (principalmente os homens). Ou seja, se todos nós seguíssemos a recomendação de "inspire, expire", isso acabaria com a indústria de livros de autoajuda, entre muitas outras coisas.

Mas qual é a abordagem que produz mais progresso?

Já falamos sobre aquele princípio de "mais pressa, menos velocidade". Quando estamos com pressa, é comum demorarmos mais para finalizar uma tarefa, pois cometemos erros no processo e temos de refazer coisas ou nos esforçar para recuperá-las.

Já abordamos também o fato de que, geralmente, apenas 20% do que você faz realmente importa, porque é esse esforço que gera 80% dos resultados requeridos. Portanto, ocasionalmente, você deveria concentrar-se e atentar às coisas realmente importantes. Acho que nessas situações é perfeitamente aceitável ocupar-se apenas de uma tarefa; obviamente não se pode fazer isso o tempo todo, só quando algo é muito importante e você não quer desviar a atenção.

No restante do tempo, não há como escapar de múltiplas tarefas. Mas, considere isto: embora múltiplas tarefas tenham seus benefícios, de vez em quando isso pode nos oprimir. Ao assumir muitos trabalhos, você tende a se dispersar e a lei de menos retorno começa a fazer efeito.

Eu acho que a minha eficiência aumenta quanto mais faço trabalhos dentro do razoável e diminui quando as tarefas são mais longas e detalhadas. Assim, eu enfrento o trabalho com uma série de "pulsações" fazendo um pouco aqui e ali, e tudo se soma para um resultado. Adotar essa abordagem me mantém disposto e alerta, interessado e focado, e me permite montar pequenos pacotes de esforço para identificar o melhor resultado ou solução. Assim, quando algo não funciona, não desperdicei tempo demais e posso facilmente redirecionar meus esforços e me manter num estado positivo.

Nigel supera o impasse

Ultimamente, tudo estava indo bem. Nigel fizera progressos para reduzir a carga de trabalho que assumia e entregar o trabalho no prazo. Ele examinara minuciosamente todos os seus influenciadores e estava se esforçando para maximizar o impacto daqueles mais próximos e dos mais distantes.

E, então, ele deu com a cabeça na parede. Embora já estivesse habituado com essa sensação, devido a muitas experiências semelhantes no passado, por alguma razão, talvez por atualmente estar se sentindo mais no controle, a dor foi maior dessa vez!

Era hora de recorrer novamente a *A Arte da Preguiça Produtiva*, pois essa questão era abordada no capítulo "Impulso". Nigel encontrou orientação sobre a questão de engolir sapos e também muitos conselhos encorajadores em relação a sua atual situação aflitiva.

Ele terminou a leitura e, com um sorriso estampado no rosto, levantou-se e saiu.

Voltou meia hora depois e ainda sorria. Podia ver pela janela seu carro reluzindo ao sol forte e uma poça d'água secando no chão. Reanimado pelo ar puro e uma sensação de trabalho bem feito para si mesmo lá fora, Nigel arregaçou as mangas e pensou de novo em sua tarefa difícil. Ele ficara tão distraído limpando seu carro e ouvindo música que não pensou no problema na maior parte do tempo em que esteve lá fora.

Como de praxe, ele lembrou de uma piada.

Uma senhora idosa estava se preparando para estacionar o carro em uma vaga, quando um rapaz num carro esportivo vermelho novinho em folha a driblou e ocupou a vaga. Ela ficou tão furiosa que se aproximou do rapaz e disse, rangendo os dentes, "Eu ia estacionar ali! Por que você fez isso?"

O rapaz a olhou com desdém e respondeu, "Esse é o tipo de coisa que se pode fazer quando se é jovem e esperto."

Isso irritou mais ainda a senhora. Então ela entrou de novo em seu carro, pisou no acelerador e bateu no carro dele.

Ele correu de volta até seu carro e, aturdido, gritou, "Para que você fez isso?"

Ela sorriu para ele e disse, "É isso que se pode fazer quando se é velha e rica".

Nigel sorriu de novo. É sempre bom estar ciente de suas forças e fraquezas em qualquer situação.

Agora mais calmo, ele teve um pensamento que podia ser útil para começar a enfrentar aquele problema complexo.

"Nem todo dia é bom,
mas há algo bom em cada dia."
Autor desconhecido

DESTINO

Você alcançou o seu destino

Com base no trabalho que fez no início do livro, só você sabe qual é seu destino.

Você chegou lá?
Ou pelo menos começou a jornada?

↙
você está aqui

Eu brinquei que você podia considerar este livro como a "navegação por satélite" em sua jornada rumo à mudança.

Bem, hoje em dia, eu uso um sistema de navegação por satélite em meu carro, mas não o tempo todo, pois ele não estava acoplado no meu velho Saab, então tenho de afixá-lo no para-brisa e ligá-lo na energia do bocal do isqueiro. Isso é tão "2006"... Mas é assim que a coisa funciona.

O fato é que esse sistema é confortável e aprecio as orientações calmas e imparciais que ela me dá vocalmente e em um painel gráfico.

Eu digo "ela" desde quando optei pela voz de "Carol". Sabe-se lá, por outro lado, por que minha mulher escolheu a voz do australiano "Ken". Cada um com sua preferência.

Nos velhos tempos, a leitura de mapas e os palpites sobre a direção certa eram uma receita infalível para brigas conjugais, pois o motorista e o palpiteiro jamais concordavam sobre a necessidade de pedir informações, o momento certo para fazer isso, a precisão das informações e coisa alguma. Uma simples viagem a um lugar novo, para um almoço com parentes ou a entrega de uma criança pequena na casa de um novo amigo, podia aumentar a possibilidade de divórcio, com ambas as partes se inflamando facilmente como fósforo jogado em dinamite.

Hoje em dia, é bem melhor. Supondo que eu esteja dirigindo, "Carol" me pergunta onde quero ir, quando, então, fraciona a rota em pequenas etapas e nós partimos. O melhor de tudo é que quando "Carol" erra – obviamente, às vezes eu sei mais do que ela e que o seu amigo satélite – ou quando deixo de fazer uma curva necessária, ela reconhece educadamente minha inteligência superior com a frase "recalculando a rota" e então me dá a direção certa. Ela pode estar errada, mas aprecia as lições aprendidas e repensa. Eu soube que "Ken" também faz isso. Em compensação, a mera insinuação de que eu não consigo fazer aquela curva fechada para a esquerda, sobre a qual fui avisado 25 metros antes por minha copiloto humana, pode resultar em três semanas de mudez conjugal.

Portanto, para mim está claro que é o líder calmo e seguro que o leva de A para B com mais eficiência.

Porém, por melhor que seja, minha "navegação por satélite" tem um grande senão. Se eu sigo uma vez as instruções para achar B, é muito provável que eu não consiga achá-lo sozinho na próxima vez e vou precisar de "Carol" na segunda e na terceira vez.

Vou precisar sempre de um guia, a menos que a uma certa altura eu resolva me empenhar nisso pessoalmente.

A verdadeira arte aqui é aprender e incorporar aquilo que você precisa. Trata-se de sua "mudança", sua "jornada", sua "vida", então pegue o que você precisa neste livro e faça as devidas adaptações para se tornar o "vencedor" almejado. Torço para que você seja um vencedor preguiçoso.

Um vencedor bem preguiçoso

Aqui o autor tenta tornar tudo o mais fácil possível, para satisfazer seu próprio desejo de ser produtivamente preguiçoso em tudo o que faz, assim como de ajudar os outros a serem assim.

Eu sempre tento fazer as coisas da maneira mais simples possível e até agora tenho conseguido, então aqui (como sempre para ajudá-lo em sua jornada rumo à preguiça produtiva) está uma lista resumida dos temas abordados neste livro, um verdadeiro guia "preguiçoso".

Use isto após definir suas metas "vitoriosas" e esquematizar sua jornada para mudar de rumo.

É sempre bom ter uma referência rápida.[42]

Faça algumas perguntas essenciais a si mesmo

Eu quero fazer esse trabalho, tarefa ou pegar esse emprego? Mesmo que queira, eu preciso fazer isso?

- Não faça algo só porque todo mundo faz ou porque é "o que se costuma fazer".
- Questione: "Isso é realmente necessário?" e " Vale realmente a pena fazer isso?"
- Se a resposta for não, não faça.

O resultado ou consequência compensa meu esforço?

- Faça apenas as coisas que têm mais impacto.

---

42 - Se alguém lhe perguntar depois, este capítulo está disponível separadamente, mas o preço é o mesmo do livro!

- Seu tempo é limitado, então invista apenas em coisas que lhe deem o máximo de retorno sobre seu investimento pessoal.

Eu mesmo tenho de fazer isso?

- Pergunte a si mesmo se você realmente é a melhor pessoa possível para fazer qualquer coisa que precisa ser feita.
- Há outra pessoa em sua rede que seja mais qualificada do que você para fazer essa coisa?
- Se houver, seja generoso e deixe que ela o ajude.

Se você tiver de aceitar a empreitada, qual é o caminho mais curto para o ponto de êxito?

- Não desperdice seu tempo com coisas desnecessárias. Se a coisa funciona em preto e branco, não desperdice esforço criando uma elaborada versão colorida.
- Faça apenas as coisas necessárias para realizar o trabalho.
- Elimine todo o resto!

Qual é exatamente o ponto de êxito e em que etapa você estará apenas desperdiçando seu tempo?

- Isso pode ser reutilizado muitas vezes?
- Isso pode ter mais valor do que apenas um trabalho isolado?
- Em caso positivo, dimensione bem para ter mais retorno sobre o investimento.

Pense – planeje – priorize – concentre-se
E se você decidir que precisa e quer fazer algo:

- Você pode automatizá-lo? Escaloná-lo? Pode torná-lo reutilizável em um contexto mais amplo?
- Você pode simplificá-lo? Resumi-lo?
- A tarefa pode esperar? Ela é realmente necessária no momento suposto? Terá impacto sobre outras pessoas se esperar?

Botando o "sim" e o "não" na balança
Diga "não" quando essa for a resposta certa.

- Tudo gira em torno de equilíbrio e prioridade. No geral, você quer lidar com as coisas importantes e com outras tantas coisas.
- Se continuar dizendo "sim", seu trabalho acumulado nunca diminuirá e você passará tempo demais ocupado com coisas irrelevantes.

E diga "sim" quando essa for a resposta certa.

- Apenas 20% do que você faz realmente importa – portanto, concentre-se nisso!
- Disponível para prometer – um "sim" de qualidade.
- Você pode fazer até mais se esperar um pouco?

Planeje segundo sua capacidade
100% não é uma boa coisa.

Se não mantiver 20% do seu tempo disponível, você não conseguirá:

- Lidar com questões repentinas.
- Aproveitar novas oportunidades.

Teste sua capacidade agora e depois de algumas semanas para avaliar seu progresso.

Descobrindo o melhor caminho

Se você tiver que fazer algo, qual é o caminho mais curto para o ponto de êxito?

Qual é exatamente o ponto de êxito e em que etapa você estará apenas desperdiçando seu tempo? Descubra o "ponto certo" em todas as ocasiões. Não rebusque demais, não use recursos demais, não faça além daquilo que é "suficiente".

Faça direito da primeira vez

Mas não seja negligente.

Repetir tarefas, recuperar trabalho, dobrar esforços – tudo isso é desperdício de tempo e contraproducente, então por que adotar esse caminho?

Seja eficiente.

Influenciadores

Aumente suas chances de sucesso se cercando de boas influências.

- Perceba as cinco pessoas mais próximas de você e influencie quem lhe influencia.
- Olhe além de seu círculo mais próximo e monte sua rede.
- Seja generoso com sua rede – dê a fim de receber.[43]

---

43 - Exemplares de *A Arte da Preguiça Produtiva* são um ótimo ponto de partida para isso.

Não entre em pânico
Se você der com a cabeça na parede, não se preocupe.

- Dê um tempo, faça outras coisas e retome a tarefa quando estiver mais calmo.
- Trabalhe com ritmo – faça esforços curtos e precisos para manter sua mente ativa.
- O que quer que você faça em um dado momento terá algum valor no futuro – nada é desperdiçado.

O que mais aconteceu com Nigel?
Nigel realmente sentia que conseguira muita coisa em pouco tempo.

Ao ter as questões delineadas diante dele, ver o preto no branco, ele conseguia perceber que era possível ter algum grau de controle e melhorar as coisas. Nenhum dos passos era desafiador demais e ele podia ver pequenos êxitos em cada etapa do caminho, enquanto progredia de capítulo em capítulo.

Para sentir-se motivado em sua jornada pessoal, ele copiou as dicas do vencedor preguiçoso e as pregou na parede. Isso desencadeou muitas conversas sobre o conceito de preguiça produtiva com visitantes em seu escritório, e ele gostou muito dessas conversas, pois agora se via como um verdadeiro vencedor preguiçoso.

Mais uma vez, não deveríamos nos surpreender com o fato de Nigel ter mais uma piada em mente.

Um rapaz estava ansioso para descobrir como se tornar bem-sucedido o mais rápido possível, então encontrou um homem mais velho que tivera sucesso no trabalho e na vida.

"Senhor, qual é o segredo do seu sucesso?", ele perguntou.
"Duas palavras", foi a resposta.
"E quais são elas, senhor?", perguntou o rapaz inquieto.
"Decisões certas."
O rapaz anotou-as com entusiasmo.
"E como você toma decisões certas?"
"Uma palavra", respondeu o homem mais velho.
"E qual é ela, senhor?", indagou o rapaz.
"Experiência."
O rapaz também tomou nota disso e fez a próxima pergunta.
"E como se ganha experiência?"
"Duas palavras", disse o homem mais velho sorrindo.
"E quais são elas, senhor?", questionou o rapaz.
"Decisões erradas."

Nigel não entendia por que algumas pessoas não captavam seu senso de humor. Será que existia outro livro de autoajuda que pudesse socorrê-lo?[44] Um livro de autoajuda que ele pudesse sugerir aos outros seria melhor ainda.

Havia, porém, uma certeza: isso tudo só estava funcionando porque ele tinha clareza sobre o que queria mudar em sua vida e por que queria essa mudança. Mudar sem finalidade e clareza é esforço perdido. Ele acreditava na abordagem do preguiçoso produtivo, vira que ela dava certo e que poderia se aperfeiçoar nisso com passos simples e pequenos.

Pensando sobre o que o levara a definir essa jornada, Nigel se lembrou de outra história sobre um simples pescador que teve uma oportunidade de mudar.

---

44 - Será que *Como ganhar mais, viver mais, ser mais feliz e desenvolver um senso de humor respeitável* é um passo ousado demais para um livro de autoajuda?

Passando férias numa pequena ilha povoada, um homem estava sentado no píer quando um pequeno barco com apenas um pescador atracou.

Havia várias garoupas grandes dentro do barco. O homem parabenizou o ilhéu pela qualidade de seus peixes e perguntou quanto tempo havia levado para pescá-los.

O ilhéu respondeu: "Pouco tempo".

O homem pensou um pouco, e então perguntou ao pescador por que ele não demorara mais para pegar mais peixes.

O ilhéu disse que tinha o suficiente para as necessidades imediatas de sua família.

O homem pensou um pouco e então perguntou, "Mas o que você faz no restante do tempo?"

O pescador disse, "Eu durmo tarde, pesco um pouco, brinco com meus filhos, tiro uma soneca à tarde com minha mulher e caminho ao anoitecer no povoado, onde tomo rum e toco violão com meus amigos. Minha vida é plena e animada".

O homem zombou dessa resposta e disse "Sou um profissional com um MBA e muitos anos de experiência, e posso ajudá-lo".

O pescador pareceu confuso e perguntou que tipo de ajuda o homem poderia dar.

"Você deveria passar mais tempo pescando e depois comprar um barco maior. Então, com os lucros gerados pelo barco maior, você poderia comprar vários barcos até ter uma frota de barcos pesqueiros. Em vez de vender seus peixes para um intermediário, você os venderia diretamente para o processador e mais para frente abriria sua própria fábrica de enlatados. Obviamente, você controlaria o produto, o processamento e a distribuição, e precisaria mudar deste pequeno povoado para a cidade, a fim de expandir a empresa", declarou o homem com autoridade.

O pescador perguntou, "Mas quanto tempo isso tudo levaria?"

O homem respondeu, "Acho que de quinze a vinte anos."

"E o que aconteceria depois?", perguntou o pescador.

O homem riu e disse que essa era a melhor parte. Quando chegar a hora certa, você venderá ações de sua empresa e ficará muito rico, você ganhará milhões."

"Sério, milhões? E daí?", questionou o pescador.

O homem pensou um pouco e disse, "Daí você se aposenta e se muda para um pequeno povoado pesqueiro onde pode dormir tarde, pescar um pouco, brincar com seus filhos, tirar uma soneca à tarde com sua mulher, bater perna à noite no povoado, tomar rum e tocar violão com seus amigos".

O pescador sorriu para o homem e foi embora para casa com seus peixes.

Aturdido, o homem ficou mais um pouco no píer e depois saiu andando.

Nigel riu, pois gostava dessa piada. Então se levantou, guardou A *Arte da Preguiça Produtiva* na gaveta de sua mesa e foi embora do escritório direto para casa.

Antes, porém, deu uma olhada na nova tabuleta em sua mesa e leu "O progresso não é feito por quem levanta cedo, e sim por preguiçosos que tentam achar maneiras mais simples de fazer algo".[45]

"Se você só faz o que sempre fez,
você só obterá o que sempre obteve."

Autor desconhecido

---

45 - Acho que essa frase realmente sintetiza toda a ideia de "preguiçoso" e "produtivo", e fico feliz de ver que Nigel agora pensa e age dessa maneira.

CONSIDERAÇÕES FINAIS

Era uma vez um passarinho muito amável, que também era muito, muito preguiçoso.

Todo dia, quando era hora de acordar, os outros pássaros tinham de gritar com ele muitas vezes até fazê-lo sair da cama. Quando tinha algum trabalho para fazer, ele ficava adiando até a última hora. Sua família e os amigos viviam dizendo, "Como você é um pássaro preguiçoso! Você não pode continuar deixando tudo para o último minuto".

"Ah! Não vejo problema nisso", respondia o passarinho. "A única diferença é que levo mais tempo para agir."

Os pássaros voaram e brincaram por todo o verão e, quando o outono chegou trazendo o frio, começaram a se preparar para a longa viagem para uma terra mais quente. Mas nosso passarinho, preguiçoso como sempre, continuava enrolando, na certeza de que tinha tempo de sobra. Então, um dia, ele acordou e viu que todos os outros pássaros haviam partido.

Como sempre, vários amigos haviam tentado acordá-lo, mas, mergulhado no sono, ele disse que levantaria mais tarde. Ele continuou dormindo e só acordou bem mais tarde. Esse era o dia da grande jornada. Todos sabiam as regras: era preciso estar pronto para partir. Havia milhares de pássaros e eles não estavam dispostos a esperar ninguém. Então o passarinho, incapaz de viajar sozinho, percebeu que, por causa de sua preguiça, ficaria sozinho durante o longo inverno gelado.

No início, ele passou muito tempo chorando, mas foi obrigado a admitir que foi o culpado pela situação. Ele sabia que podia fazer as coisas direito quando se empenhava e deixava a preguiça de lado, então, começou a se preparar para o inverno. Primeiro, passou dias procurando um lugar que fosse bem protegido do frio. Achou um cantinho entre algumas rochas e ali fez um ninho caprichado com galhos, pedras e folhas. Depois, trabalhou incansavelmente para abastecer o ninho com frutas suficientes para todo o inverno. Por fim, cavou um laguinho na gruta para garantir o suprimento de água. Quando viu que seu novo lar estava perfeitamente preparado, ele começou a treinar para sobreviver com pouca comida e água, a fim de resistir às piores nevascas.

E, por mais improvável que pareça, graças a esses preparativos, o passarinho sobreviveu ao inverno. É claro, ele sofreu muito e diariamente se arrependia de ter sido tão preguiçoso. Quando a primavera finalmente chegou, seus velhos amigos voltaram de viagem e ficaram surpresos e felizes ao ver que o passarinho ainda estava vivo. Eles mal conseguiam acreditar que aquele pássaro preguiçoso havia construído um ninho tão maravilhoso. Quando perceberam que não havia mais o menor vestígio de preguiça naquele corpinho e que ele se tornara o pássaro mais trabalhador do grupo, todos concordaram que ele deveria ser posto no comando para organizar a grande viagem do próximo ano.

Quando chegou a época, tudo foi tão bem organizado que até sobrou tempo para eles inventarem uma canção de despertar matinal, cuja finalidade era que daquele dia em diante nenhum passarinho, por mais que fosse preguiçoso, tivesse de novo de passar o inverno sozinho.

Com seu erro, que custou caro, o passarinho aprendeu que trabalhar de forma produtiva era um caminho melhor para ser "preguiçoso", no sentido de que estar preparado, organizado e atento no que faz, conduz a um mundo de "preguiça produtiva" e, sem dúvida, a uma vida melhor.

Você consegue desacelerar de vez em quando e escutar as aves cantando nas árvores?

MAIS

Apêndices

Todo o material que não coube na parte principal do livro está aqui no final, caso alguém queira ler um pouco mais, embora isso não seja obrigatório.

Momento de decisão (cinco perguntas ou seis?)

Achei que agora seria bom esclarecer melhor a questão de Dirty Harry/Clint Eastwood, caso você esteja curioso e se importe com isso. Eu disse: "Eu sei o que você está pensando, 'ele fez seis perguntas ou apenas cinco?'"

Bem, para falar a verdade, na empolgação acabei me perdendo. Mas, uma vez que este livro é sobre preguiça produtiva, a maneira mais poderosa do mundo de trabalhar e que pode mudar sua cabeça, você deve fazer uma pergunta a si mesmo: "Eu me sinto com sorte?" Então, o que você diz disso?

Vá em frente, leitor, faça-me ganhar o dia... Ou, para ser mais preciso, vá em frente e ganhe seu dia aprendendo a trabalhar de maneira melhor, da maneira vitoriosa da preguiça produtiva.

A resposta (minha resposta) é: seis. Eu fiz seis perguntas.

Eu fiz cinco perguntas-chave.

- Você quer e precisa ler *A Arte da Preguiça Produtiva*?
- O resultado de ler *A Arte da Preguiça Produtiva* compensará o esforço?

- Você precisa ler *A Arte da Preguiça Produtiva* para si mesmo?
- Caso você tenha de ler *A Arte da Preguiça Produtiva*, qual é o caminho mais curto para o ponto de êxito?
- Qual é exatamente o ponto de êxito e em que etapa você estará apenas desperdiçando seu tempo?

E depois também perguntei:

- Então, o que acontecerá?

Portanto, leitor, você está totalmente a salvo, pois não tenho mais perguntas. Veja que sorte!

Para que todas essas notas de rodapé?

Aprecio quando um livro flui facilmente e ensina da maneira mais simples possível o que espero aprender, sem me distrair com detalhes ou minúcias.

Por outro lado, sou uma dessas pessoas que gosta de saber a procedência de uma citação, da letra de uma canção ou de um nome, e onde posso ter ouvido antes essa referência.

É por isso que incluí as notas de rodapé. É fácil ignorá-las para treinar a abordagem da preguiça produtiva, mas elas são úteis caso você não queira quebrar a cabeça com algo que foi citado.

Preguiçoso demais para fracassar

Time Enough for Love é uma obra de ficção científica de Robert A. Heinlein, lançada em 1973. O livro foi indicado para o Prêmio Nebula de melhor romance no mesmo ano de lançamento e para os prêmios Hugo e Locus em 1974.

O livro aborda vários períodos da vida de Lazarus Long (cujo nome real era Woodrow Wilson Smith), que, com mais de dois mil anos, é o humano mais velho remanescente.

A primeira metade do livro tem várias novelas entrelaçadas fazendo uma retrospectiva da vida de Lazarus. No cerne da história, Lazarus fica farto de tudo e decide que a vida deixou de valer a pena, mas (no que é descrito como um enredo às avessas das *Mil e uma noites*) ele concorda em não dar cabo de sua vida enquanto seu interlocutor continuar ouvindo suas histórias.

Uma delas é "O homem que era preguiçoso demais para fracassar". A história é apenas um comentário sobre um menino que deixou a fazenda de seus pais e saiu pelo mundo fazendo muitas coisas. Ele entrou na marinha, fez treinamento para oficial, deu duro e acabou se aposentando como almirante – tudo para não passar a vida olhando para "o traseiro de uma mula". Ele fez tudo certo da primeira vez (afinal de contas, dá mais trabalho fazer as coisas erradas e ter de corrigi-las do que fazê-las corretamente da primeira vez). Ele buscava o meio mais eficiente de fazer tudo, desde pilotar aviões a conquistar garotas. Pode-se concluir que esse personagem aspira agir de maneira "construtivamente preguiçosa".

Maslow

A hierarquia de necessidades de Maslow geralmente é representada em forma de pirâmide, com os níveis maiores e mais básicos de necessidades na base, e a necessidade de autorrealização no topo.

As quatro camadas fundamentais da pirâmide contêm o que Maslow chamou de "necessidades de carência" ou "necessidades-c": estima, amizade e amor, segurança e necessidades físicas. Exceto pelas necessidades elementares (as fisiológicas), se essas "necessidades de carência" não forem supridas, o corpo pode não dar indícios concretos, mas o indivíduo sente-se ansioso e tenso. A teoria de

Maslow sugere que os níveis básicos de necessidades devem ser supridos antes que o indivíduo deseje fortemente (ou fique motivado para) suprir as necessidades secundárias ou de nível mais alto. Maslow também cunhou o termo "metamotivação" para descrever a motivação de pessoas que vão além do escopo das necessidades básicas e lutam constantemente para se aperfeiçoar. Pessoas metamotivadas são guiadas pelas necessidades-e (necessidades existenciais), não pelas necessidades-c.

Necessidades fisiológicas

A maioria das necessidades fisiológicas é óbvia e fundamental para a sobrevivência humana. Se esses requisitos não são supridos, o corpo humano simplesmente para de funcionar.

Ar, água e alimentos são requisitos metabólicos para a sobrevivência de todos os animais, incluindo os humanos. Roupas e abrigo dão a necessária proteção contra os elementos da natureza. A intensidade do instinto sexual humano é mais moldada pela competição sexual do que para manter uma taxa de natalidade adequada para a sobrevivência das espécies.

Necessidades de segurança

Com as necessidades físicas relativamente supridas, as necessidades de segurança do indivíduo ganham importância e dominam o comportamento. Essas necessidades têm a ver com a ânsia humana por um mundo disciplinado e previsível, no qual a injustiça e a incoerência percebidas estejam sob controle, aquilo que é familiar seja a regra e o desconhecido seja raro. No mundo do trabalho, essas necessidades de segurança se manifestam em coisas como a preferência por tarefas seguras, procedimentos que protejam o indivíduo da autoridade unilateral, contas de poupança, apólices de seguro, compensações razoáveis para invalidez e congêneres.

As necessidades de segurança incluem:

- segurança pessoal;
- segurança financeira;
- saúde e bem-estar;
- rede de segurança contra acidentes/doenças e seus impactos adversos.

→ **Amor e pertencimento**

Após as necessidades fisiológicas e de segurança serem supridas, a terceira camada de necessidades humanas é social e envolve sentimentos de pertencimento. Esse aspecto da hierarquia de Maslow envolve relações mais baseadas em emoções, como:

- amizade
- intimidade
- família

Os humanos precisam ter a sensação de pertencimento e aceitação, seja por meio de um grupo social grande, como clubes, ambiente de trabalho, grupos religiosos, organizações profissionais, times esportivos, tribos ou seja por meio de pequenas ligações sociais (membros da família, parceiros íntimos, mentores, colegas próximos, confidentes). Eles precisam amar e ser amados (sexualmente ou não) pelos outros. Na falta desses elementos, muitas pessoas tendem ao isolamento, à ansiedade social e à depressão clínica. Dependendo do grau de pressão externa, essa necessidade de pertencimento pode até superar as necessidades fisiológicas e de segurança.

→ **Estima**

Todos os humanos têm necessidade de ser respeitados e de sentir autoestima e autorrespeito. Também conhecido como necessidade de pertencimento, esse desejo humano de ser aceito e valorizado pelos outros é normal. As pessoas precisam se empenhar para ganhar reconhecimento e ter uma ou mais atividades que lhes deem a sensação de contribuir, de sentir-se aceito e de autovalorização, seja na profissão ou em um passatempo. Desequilíbrios nesse nível podem resultar em autoestima baixa ou em complexo de inferioridade.

Pessoas com autoestima baixa precisam do respeito alheio. Elas podem buscar fama ou glória, as quais também dependem dos outros. No entanto, muitas pessoas com autoestima baixa não conseguem melhorar sua visão sobre si mesmas só por obter fama, respeito e glória externamente, pois primeiro precisam se aceitar internamente. Desequilíbrios psicológicos, como depressão, também podem impedir a pessoa de ganhar autoestima em ambos os níveis.

A maioria das pessoas tem necessidade de autorrespeito e autoestima estáveis. Maslow observou duas versões de necessidades de estima, uma mais baixa e outra mais alta. A mais baixa é a necessidade de ter o respeito alheio, reconhecimento, fama, prestígio e atenção. A mais alta é a necessidade de autorrespeito, de ter força, competência, domínio, autoconfiança, independência e liberdade. Ela é mais alta porque reside mais na competência interna obtida através da experiência. Quando essas necessidades não são atendidas, o resultado pode ser um complexo de inferioridade, fraqueza e sensação de impotência.

Maslow também adverte que, embora esses sejam exemplos de como a busca por conhecimento difere das necessidades básicas, essas "duas hierarquias são inter-relacionadas, não totalmente separadas". Isso significa que esse nível de necessidade, assim como o nível mais alto a seguir, não são separados, mas estreitamente relacionados a outros. Talvez seja por isso que esses dois níveis de necessidade não constam na maioria dos livros de autoajuda.

→ **Autorrealização**

"O potencial de um homem deve ser realizado." Essa é a base da necessidade percebida de autorrealização. Esse nível de necessidade é ligado ao potencial pleno da pessoa e à realização desse potencial. Maslow descreve esse desejo como o desejo de se tornar cada vez mais o que se é, de alguém se tornar tudo o que é capaz de ser. Essa é uma definição ampla da necessidade de autorrealização, mas tem especificidades conforme os indivíduos. Por exemplo, um indivíduo pode ter o forte desejo de se tornar um pai ideal; outro pode expressar isso atleticamente; um terceiro pode expressar isso na pintura, na fotografia ou em invenções. Conforme já mencionado, para atingir um entendimento claro desse nível de necessidade, inicialmente é preciso suprir as necessidades prévias – fisiológicas, de segurança, amor e estima – e dominá-las.

Posteriormente, Maslow acrescentou o nível de "autotranscendência".

A inteligência da preguiça

Não é bom ser apenas preguiçoso; você tem de ser mais do que isso, isto é, ser preguiçoso de uma maneira muito sagaz.

A preguiça produtiva não se resume a ser preguiçoso. Ela requer algo mais, a combinação poderosa e mágica de preguiça e inteligência. Pessoas preguiçosas e sagazes têm uma vantagem real sobre as outras na sociedade e são mais aptas para papéis de liderança em organizações.

Essa teoria existe há muitos anos e é aplicada de várias formas interessantes. Uma de suas aplicações mais famosas foi no exército da Prússia.

Helmuth Karl Bernhard Graf von Moltke (1800-1891) foi um general alemão. Comandante do estado-maior do exército prussiano por trinta anos, é considerado um dos grandes estrategistas da última metade do século XIX e criador de um dos métodos mais moderno de dirigir exércitos em campo.

Em 1857, Moltke assumiu o comando do estado-maior prussiano e se empenhou em efetuar mudanças nos métodos estratégicos e táticos do exército prussiano, o que englobou mudanças nos armamentos, nos meios de comunicação, no treinamento de oficiais e no método de mobilização. Instituiu também um estudo formal da política europeia aplicado aos planos para possíveis campanhas futuras. Em suma, ele definiu rapidamente as características de um estado-maior geral moderno.

Moltke imaginou uma abordagem para classificar seu corpo de oficiais, a qual é usada até hoje por muitas forças armadas e pode ser aplicada a todas as formas de liderança.

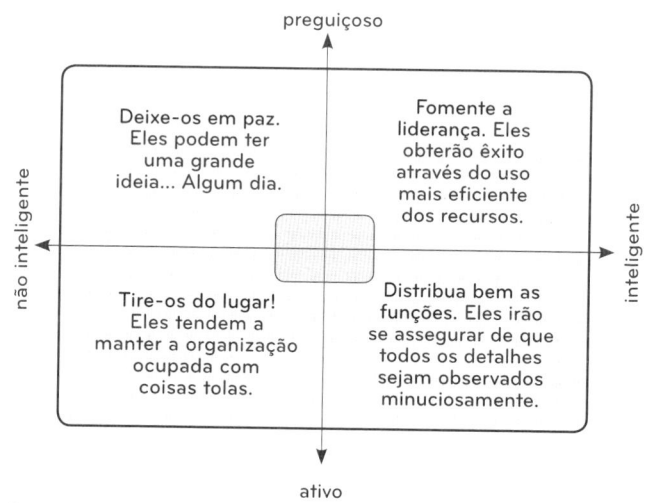

	preguiçoso	
não inteligente	Deixe-os em paz. Eles podem ter uma grande ideia... Algum dia.	Fomente a liderança. Eles obterão êxito através do uso mais eficiente dos recursos.
	Tire-os do lugar! Eles tendem a manter a organização ocupada com coisas tolas.	Distribua bem as funções. Eles irão se assegurar de que todos os detalhes sejam observados minuciosamente.	inteligente
	ativo	

Se você considerar as duas classes de características individuais, aquelas que vão de ativo a preguiçoso e aquelas que vão de não inteligente a inteligente (vejam que aqui estou sendo politicamente correto), você acabará chegando aos quatro tipos de caráter do diagrama anterior.

O general von Moltke dividiu seu corpo de oficiais nesses quatro tipos distintos, de acordo com suas características mentais e físicas. Como nasceu no século XIX e foi chefe do exército prussiano, ele nunca teve de ser politicamente correto, de forma que concluiu que havia os seguintes tipos.

Oficiais do tipo A eram mentalmente não inteligentes e fisicamente preguiçosos. Sempre designados para tarefas simples, repetitivas e não desafiadoras, haviam atingido o pico de sua carreira no exército. Se fossem deixados em paz, algum dia poderiam ter uma boa ideia, mas, caso contrário, não causariam problemas.

Oficiais do tipo B eram mentalmente brilhantes e fisicamente ativos. Sua obsessão por administrar minúcias tornava-os maus líderes. Podiam ser promovidos ao longo do tempo, porém não para as patentes mais altas. Esses oficiais eram bons para garantir o cumprimento de ordens e cuidar minuciosamente de todos os detalhes.

Oficiais do tipo C eram mentalmente não inteligentes, mas tinham muita energia física, sendo considerados um tanto perigosos. Para Moltke, esses oficiais requeriam supervisão constante, o que era um fardo inaceitável e, como podiam criar problemas mais rápido do que o aceitável, viravam um estorvo e eram dispensados. Sua carreira logo teria fim!

Oficiais do tipo D eram os mentalmente brilhantes, mas preguiçosos fisicamente que, segundo Moltke, podiam e deviam assumir os níveis mais altos de comando. Esse tipo de oficial era, ao mesmo tempo, mais sagaz para ver o que era preciso fazer, e sua preguiça inerente o impulsionava a descobrir o meio mais fácil e simples de realizar o que era necessário. Explicando de uma maneira mais positiva, eles sabiam como ter sucesso através do uso mais eficiente de esforços.

> "Sempre que há uma tarefa difícil, eu a designo para alguém preguiçoso; com certeza, ele vai achar um meio fácil de fazê-la."
>
> *Walter Chrysler*

Assim, pessoas sagazes e preguiçosas têm uma vantagem real sobre as outras e são mais adequadas para papéis de liderança em organizações.

É uma espécie de mágica quando o resultado de um mais um dá mais do que dois

O que acontece quando você comete um dos sete pecados mortais com um catalisador para o uso de recursos?

- **preguiçoso** (adjetivo)
1. Se alguém é **preguiçoso**, não quer trabalhar ou fazer qualquer coisa para realizar algo.

*Funcionários **preguiçosos** e incompetentes estão prejudicando a empresa.*

*Eu era **preguiçoso** demais para aprender a ler partituras musicais.*

- **preguiça** (substantivo)

*As atuais leis trabalhistas serão modificadas para recompensar o esforço e punir a **preguiça**.*

2. Você pode usar **preguiçoso** para descrever uma atividade ou situação na qual você está bem relaxado e da qual participa sem fazer muito esforço.

Seu romance mais recente é perfeito para uma leitura **preguiçosa** *nas tardes de verão.*

Tivemos um almoço **preguiçoso** *e depois nos deitamos na praia para tomar sol.*

- preguiçosamente (advérbio)

Lisa voltou para a cozinha e se alongou **preguiçosamente***.*

O rio abria caminho **preguiçosamente** *entre a parte antiga e a parte nova da cidade.*

3. Se você descrever algo como **preguiçoso**, isso significa que a coisa se move ou flui lenta e suavemente.

Um vale com fazendas onduladas se estende ao longo de um rio **preguiçoso***.*

- preguiça (bicho-preguiça); Apatia e inércia na prática da virtude (personificada como um dos pecados mortais).

Assim, "preguiçoso" e "preguiça" geralmente têm conotação negativa ou, na melhor das hipóteses, são ligados ao prazer egoísta.

"Produtividade, por outro lado, é um termo bastante positivo e significa a proporção de trabalho produzido em um certo período de tempo. Ou seja, é relacionada à capacidade da pessoa de produzir a quantia padrão de produtos, serviços ou resultados esperados em um trabalho.

Portanto, junte os benefícios da produtividade com uma aplicação inteligente da preguiça e você terá a "preguiça produtiva".

Em outras palavras, você obtém o resultado máximo para a energia aplicada e também minimiza a energia gasta. Ou seja, você consegue obter bastante resultado com o esforço empregado!

Lá fora é uma selva!
Iabadabadu: Inspiração de um grande "ator".

Lembra-se da cena em *Mogli, o menino lobo*, um dos melhores filmes[46] da Disney, na qual o urso Balu estimula o garoto Mogli a pensar de forma diferente sobre a vida?

Balu canta sobre a tentativa de satisfazer apenas as necessidades elementares da vida, sobre tentar relaxar e esfriar a cabeça, e não perder tempo procurando coisas impossíveis ou que não valem a pena. Em outras palavras, ele está explicando a Mogli que, usando a velha regra 80/20, a vida pode ser bem menos estressante.

Acho que a canção-tema "Somente o necessário" poderia ter o título de "O preguiçoso produtivo". Assista ao filme e confira todas as letras dessas canções, e veja o urso Balu ensinando tudo o que você precisa saber sobre o que é necessário na vida.

Se isso não apontar para a preguiça produtiva, então não entendo mais nada!

O ovo ou a galinha
Cientistas finalmente desvendaram um dos enigmas mais antigos do mundo – quem surgiu primeiro, o ovo ou a galinha?

Um supercomputador deu à equipe das Universidades de Sheffield e Warwick a resposta: a galinha.

Aparentemente, a descoberta se deu por um acaso feliz. A meta da pesquisa era descobrir como esses animais fazem a casca do ovo. Nós subestimamos as galinhas e não percebemos o processo fabuloso que elas efetuam cada vez que produzem um ovo. Quando saboreia seu ovo cozido de manhã, você está diante de

---

46 - Lançado em 18 de outubro de 1967, *Mogli, o menino lobo* foi o décimo-nono filme de animação da Disney e o último produzido por Walt Disney, que morreu durante sua realização. Inspirado em histórias sobre o garoto selvagem Mogli presentes no livro *The Jungle Book*, de Rudyard Kipling, o filme continua popular até hoje e tem canções clássicas, como "Somente o necessário" e "Quero ser como você". A maioria das canções originais foi composta por Richard M. Sherman e Robert B. Sherman.

um dos materiais mais surpreendentes do mundo. Embora leve, a casca do ovo é incrivelmente resistente. Humanos não conseguem fazer algo sequer parecido.

O problema é que não sabemos como as galinhas fazem a casca do ovo. Elas dominam esse processo com detalhes refinados, enquanto nós não sabemos sequer por onde começar. Entender como elas produzem ovos daria indícios de como poderíamos fazê-los.

Os cientistas recorreram a um supercomputador situado em Edimburgo chamado HECToR (High End Computing Terascale Resource). Para descobrir como os ovos eram feitos, examinaram o processo em detalhes microscópicos. Primeiro, eles informaram quais são os "ingredientes" que as galinhas usam para fazer as cascas de ovo, depois pediram ao computador que os processasse.

O computador trabalhou no problema por muitas semanas, ao passo que a galinha faz isso da noite para o dia.

Os resultados mostraram que determinada proteína nas galinhas age como um construtor incansável, empilhando uma parte microscópica da casca sobre a outra. Esse processo de construção tem início antes da produção de outras partes do ovo. Sem essa proteína construtora, que só é encontrada nos ovários das galinhas, os ovos não existiriam.

Isso significa que as aves surgiram primeiro.

Mas de onde vieram as galinhas?

Acho que nesse ponto voltamos aos dinossauros.[47]

Seis graus de separação

Não mais restrita apenas ao pensamento acadêmico ou filosófico, essa noção acabou se disseminando na cultura popular. Avanços posteriores na tecnologia da comunicação, sobretudo a internet,

---
47 - Você precisa ler *The Lazy Project Manager* para entender isso.

atraem muita atenção para as redes sociais e a interconectividade humana. Em consequência, muitas fontes conhecidas da mídia usam esse termo.

→ Origem

O dramaturgo americano John Guare escreveu a peça *Six Degrees of Separation*, em 1990, e depois lançou um filme sobre o tema, em 1993, os quais popularizaram o conceito. Essa é a obra mais conhecida de Guare.

A peça explora a ideia de que cada dois indivíduos são ligados por no máximo outros cinco, conforme um dos personagens afirma: "Eu li em algum lugar que cada indivíduo neste planeta só é separado por outras seis pessoas. Seis graus de separação entre nós e o restante das pessoas do planeta. O presidente dos Estados Unidos, um gondoleiro de Veneza, qualquer um. Acho a) extremamente reconfortante estarmos tão próximos, e b) que tamanha proximidade é como a tortura chinesa com água, porque você tem de descobrir as seis pessoas certas para fazer a ligação certa... Estou ligado a todos neste planeta por uma trilha de seis pessoas".

Em entrevistas, Guare atribuiu essa percepção dos "seis graus" a Marconi. Embora essa ideia já circulasse de várias formas há décadas, a peça de Guare foi a grande responsável pela disseminação do termo "seis graus de separação". Na esteira de Guare, muitas produções de televisão e cinema usaram a ideia em seus enredos.

O jogo "Seis graus de Kevin Bacon" foi inventado em cima desse conceito. A meta é ligar qualquer ator a Kevin Bacon através de, no máximo, seis conexões, sendo que dois atores são conectados se tiverem aparecido juntos em um filme ou em um comercial de TV.

→ Aplicações

SixDegrees.com foi um *site* pioneiro de rede social, que funcionou de 1997 até 2001. Ele permitia que os usuários criassem perfis, adicionassem amigos, membros da família e conhecidos, enviassem mensagens, postassem itens no mural para pessoas de seu primeiro, segundo e terceiro graus de relacionamento, e vissem as redes de contatos delas. Em seu auge, o *site* tinha quase um milhão de usuários.

Karl Bunyan desenvolveu um aplicativo chamado "Six Degrees" no Facebook, que calcula os graus de separação entre diversas pessoas. Conforme se vê na página do grupo, há mais de 5,8 milhões de usuários. A média de separação para todos os usuários do aplicativo é 5,73 graus, enquanto o grau máximo de separação é 12.

Outro empreendimento na mesma linha foi o "Six Degrees of Separation – The Experiment", que instruía novos membros a convidarem pessoas para integrarem sua rede de amigos e foi citado em um relatório sobre a teoria. Os mentores do experimento, porém, não tinham como verificar se cada um estava de fato a seis graus do outro, o que levou ao fim do empreendimento. No entanto, um novo grupo com o mesmo nome ressuscitou aquele extinto.

Em 2008, a Microsoft declarou que esse conceito de fato era verdadeiro. Em um mundo com 6,6 bilhões de pessoas, parece difícil acreditar que você depende de apenas seis apresentações para acessar qualquer outra pessoa no planeta, mas pesquisadores da Microsoft anunciaram que a teoria estava certa – ou quase. Ao estudar bilhões de mensagens eletrônicas, eles descobriram que dois estranhos estão, em média, a uma distância de precisamente 6,6 graus de separação. Em outras palavras, deixando as frações de lado, você está ligado por uma corrente de sete ou menos conhecidos a Madonna, ao Dalai Lama e à rainha da Inglaterra.

Pesquisadores da Microsoft analisaram gravações de 30 bilhões de conversas eletrônicas de 180 milhões de pessoas em vários países, segundo o *Washington Post*. Essa foi "a primeira vez que uma rede social de escala planetária está disponível", observaram. A base de dados cobriu toda a rede de mensagens instantâneas do programa Messenger da Microsoft, em junho de 2006, equivalente a cerca da metade do tráfego de mensagens instantâneas do mundo na época.

O *site* de *networking* profissional LinkedIn opera segundo o conceito da quantidade de passos que o separa de uma pessoa para que você se comunique com ela. O *site* estimula o usuário a mandar mensagens para pessoas de sua rede por meio de usuários da sua lista de conexões de primeiro grau, que, por sua vez, repassam-nas para suas conexões de primeiro grau.

Usuários do Twitter podem seguir outros usuários criando uma rede. Segundo um estudo feito pela empresa de monitoramento de mídias sociais Sysomos, dos 5,2 bilhões dessas relações, a distância média no Twitter é de 4,67. Em média, cerca de 50% das pessoas no Twitter estão apenas a quatro passos umas das outras, enquanto quase todas estão apenas a cinco passos.

Outras piadas de Nigel

Nigel gosta de partilhar seu senso de humor (é assim que ele descreve essa mania) e aqui estão outras de suas piadas favoritas.

→ **A galinha inovadora (pense fora da caixinha)**

Um homem estava dirigindo em uma rodovia quando notou uma galinha correndo ao lado de seu carro. Ele ficou surpreso de vê-la acompanhando seu ritmo, pois ele estava a 80 km/h. Acelerou para 96 km/h, e a galinha continuou a seu lado. Aumentou a velocidade para 120 km/h, e a galinha o ultrapassou. O homem então notou que a galinha tinha três pernas. Daí ele a seguiu por uma estrada e acabou chegando a uma fazenda. Desceu do carro e viu que todas as galinhas por lá tinham três pernas.

Ele perguntou ao fazendeiro, "O que há com essas galinhas?"

O fazendeiro disse, "Bem, todo mundo gosta de coxa de galinha, então criei uma ave de três pernas. Vou ficar milionário."

O homem então perguntou que gosto elas tinham.
O fazendeiro respondeu, "Não sei, pois ainda não consegui pegar uma."

Moral: Deixe seus pensamentos fluírem livremente, mas estruture bem todas as etapas dos seus planos.

→ **A estratégia de confundir as pessoas**

Um senhor muito sábio se aposentou e comprou uma casa modesta perto de um colégio secundário. Ele passou suas primeiras semanas de aposentadoria em paz e satisfeito. Então o novo ano letivo começou e três adolescentes, cheios de entusiasmo juvenil, desceram a rua dele batendo em todas as latas de lixo que encontravam no caminho. Esse ruído percussivo continuou dia após dia, até que finalmente o senhor sábio resolveu tomar uma atitude.

Na tarde seguinte, ele foi ao encontro dos jovens percussionistas que, como sempre, estavam batendo nas latas pela rua. Então ele disse, "Vocês são muito divertidos. Gosto de ver vocês expressando sua exuberância dessa maneira. Aliás, eu costumava fazer a mesma coisa quando tinha a idade de vocês. Será que vocês podem me fazer um favor? Darei um dólar[48] a cada um, se prometerem aparecer todo dia e fazer seu show".

Os garotos ficaram exultantes e continuaram batendo nas latas de lixo. Após alguns dias, o senhor cumprimentou os garotos, mas desta vez ele sorria com um ar triste.

"Essa recessão realmente está me prejudicando financeiramente", ele disse aos garotos. "Daqui em diante, só vou poder pagar 50 centavos pelo seu show com as latas".

Obviamente, os barulhentos ficaram desapontados, mas aceitaram a proposta e continuaram fazendo sua algazarra costumeira. Alguns dias

---

48 - Dilema atual: para atingir um público global, que moeda devo usar? Libras esterlinas ou dólares dos americanos? E, em inglês, devo usar "trashcan" ou "dustbin" e "check" ou "cheque"? Deixa para lá, vou me ater à piada conforme me contaram. Fique à vontade para adaptá-la como preferir.

depois, o astuto aposentado abordou-os novamente enquanto eles batiam nas latas ao longo da rua.

"Ouçam", ele disse. "Eu ainda não recebi meu cheque da previdência social, então só vou poder lhes pagar 25 centavos. Vocês topam?"

"Só isso?", exclamou o líder dos meninos. "Você está louco se acha que vamos perder tempo batendo nas latas por essa mixaria. De jeito nenhum, cara. Para nós, chega!"

Assim, o idoso teve paz e serenidade pelo resto da vida.

Moral: Diante de dificuldades, planeje bem sua estratégia e entre no jogo.

→ **Mantenha a simplicidade (e enxergue o óbvio)**

O Cavaleiro Solitário e Tonto foram acampar no deserto. Após armar a barraca, os dois homens caíram no sono.

Algumas horas depois, Tonto acorda o Cavaleiro Solitário e diz, "Olhe para o céu. O que o senhor vê?".

O Cavaleiro Solitário responde, "Vejo milhões de estrelas".

"E o que isso significa?", perguntou Tonto.

O Cavaleiro Solitário reflete por um minuto e diz, "Astronomicamente falando, isso quer dizer que há milhões de galáxias e potencialmente bilhões de planetas. Astrologicamente, isso quer dizer que Saturno está em Leão. Em termos de horário, parece ser quinze para as três da manhã. Teologicamente, Deus é todo-poderoso e nós somos pequenos e insignificantes. Meteorologicamente, parece que amanhã teremos um lindo dia. O que você percebe, Tonto?"

"Que o senhor é mais pateta do que um búfalo. O que estou querendo dizer é que alguém roubou a barraca."

Moral: Busque o óbvio, pois muitas vezes isso por si só é suficiente.

→ **Planejamento financeiro (e a guerra dos sexos)**

Dan era solteiro, morava com seu pai e trabalhava no negócio da família.
Ao descobrir que herdaria uma fortuna quando seu pai doente morresse, ele resolveu achar uma esposa para partilhar seu dinheiro. Certa noite, em uma reunião de investimentos, ele encontrou a mulher mais bela que já vira na vida. Sua beleza natural o deixou sem fôlego.
"Eu posso parecer um sujeito comum", disse ele para a moça, "mas em poucos anos, meu pai vai morrer e vou herdar seus milhões".
Impressionada, a mulher pediu seu cartão de visitas e, três dias depois, se tornou sua madrasta.

Moral: Conhecimento é poder (e possivelmente as mulheres são melhores em planejamento financeiro do que os homens).

→ **A lógica pode ser absurda**

Um lógico salva a vida de uma minúscula alienígena.
Ela fica muito grata e, como é onisciente, oferece a seguinte recompensa: responder qualquer pergunta que o matemático queira fazer. Sem refletir muito (afinal de contas, ele é lógico), ele indaga: "Qual é a melhor pergunta a fazer e qual é a resposta correta para ela?"
A alienígena faz uma pausa e então responde: "A melhor pergunta é essa que você acaba de fazer e a resposta correta é esta que estou dando".

Moral: A vida (e os alienígenas) podem ser confusos.

O copo pela metade (mais explicações)

Nós já vimos que uma pessoa pode dizer "Metade do copo está cheia". Eis aí um otimista. A segunda pessoa pode dizer "Metade do copo está vazia". Eis aí um pessimista. A terceira pode dizer "Ele tem o dobro de água do que seria necessário".

Aqui estão mais algumas definições:

- o realista diz que o copo contém metade da quantidade de líquido necessária para que ele transborde;
- o cínico quer saber quem tomou a outra metade;
- o professor diz que a questão não é se metade do copo está vazia ou cheia, e sim se há algo no copo;
- o apresentador profissional não se importa se a metade do copo está cheia ou vazia; ele só sabe que iniciar a discussão lhe dará dez minutos para descobrir por que sua apresentação no Power-Point não está funcionando;
- a mãe de uma criança mimada de cinco anos diz, "Meu bem, tudo será como você quer, mas, por favor, deixe a mamãe sossegada por cinco minutos";
- o encrenqueiro curioso quer saber de qualquer jeito o que há dentro do copo. E quer a sobra para si;
- o angustiado se atormenta com a ideia de que a metade restante evaporará até a manhã seguinte;
- o empreendedor vê o potencial valor de o copo cair pela metade;
- o economista diz que no próximo ano a capacidade do copo dobrará, o preço cairá pela metade, mas o custo ao consumidor subirá 50%;
- o lógico diz que, enquanto o copo estiver em processo de enchimento, ele estará cheio pela metade; enquanto estiver em processo de esvaziamento, ele estará vazio pela metade; e enquanto seu *status* em termos de estar cheio ou vazio for desconhecido, então o copo está em uma situação na qual o limite entre líquido e gás reside exatamente entre a base interna e a borda superior, supondo que o copo tenha lados paralelos e esteja em uma superfície plana, e, enquanto o limite líquido/gás reside exatamente no meio entre as metades superior e inferior iguais do volume total disponível do copo em questão;

- o cientista diz que um palpite baseado em um indício visual não é acurado, então marca o copo na base do menisco do conteúdo; despeja o conteúdo em um copo maior; enche o copo vazio com conteúdo fresco até a marca; adiciona o conteúdo original de volta; se o conteúdo combinado passar do beiral, mais da metade do copo estava cheia; se o conteúdo não atingir o topo, mais da metade do copo estava vazia; se nada disso ocorrer, então o copo não estava cheio nem vazio pela metade;
- o gramático diz que, embora os termos "metade cheio" e "metade vazio" sejam coloquialmente aceitáveis, tecnicamente o copo pode não estar cheio nem vazio, já que cheio e vazio são estados absolutos e, portanto, não podem ser fracionados ou modificados de forma alguma;
- o garçom correrá para substituí-lo por um copo cheio. Para ele, não há dúvida: o copo estava vazio quando ele o retirou; e está cheio na conta que ele lhe traz;
- o mágico lhe mostrará o copo com a metade cheia no topo;
- o médico diz que o copo não está vazio absolutamente. Metade dele está cheia de água e a outra metade está cheia de ar, portanto, ele está repleto;
- a organização incompetente discutiria a questão durante uma reunião da diretoria, convocaria um comitê para averiguar o problema e designaria tarefas para uma análise profunda da causa, geralmente sem uma explicação completa do problema para os encarregados das tarefas. Os diretores diriam que o problema está acima da verba destinada àqueles incumbidos das tarefas de análise da causa principal.

AGRADECIMENTOS

Parece haver muita gente por aí que gosta da ideia de ser "preguiçoso", mas de maneira "produtiva", então quero agradecer a todos que me apoiaram e me encorajaram até agora. Portanto, é culpa de vocês existir agora um novo livro sobre o tema no mercado.

Como de praxe, quando se lança um livro, haverá uma longa lista de pessoas que eu deveria agradecer, mas, aplicando meus próprios princípios de "preguiça", direi apenas que "vocês sabem quem são" e que sou "entusiasticamente grato" a todos vocês. E, como este não é um discurso no Oscar, tampouco preciso mencionar a enorme contribuição dada por meu peixinho dourado.

Pronto, fiz isso facilmente e sem correr o risco de esquecer alguém da lista.

Espero que vocês gostem do livro e realmente agradeço a todos que tiveram a menor influência ou impacto sobre mim ao longo dos anos; sem vocês, quem sabe até que ponto eu teria tido êxito.

Obrigado a todos vocês e sejam "preguiçosos".
Peter

ÍNDICE

Adams, Scott, 77
amor, necessidade de, 105
aprovação, busca por, 42
autoajuda, livros de, 12-5, 26, 87, 98, 105, 108
autoestima, 110
autorrealização, necessidade de, 105, 109

Barry, Dave, 17
Beckhard, Richard, 71
benefício e esforço, 64
borboleta, efeito, 54
Bunyan, Karl, 117

caminho mais curto para o êxito, pegando o, 63-5
Caos, Teoria do, 54
Chrysler, Walter, 112
compromissos, minimizando, 58-9
conexões, criando, 80, 116, 118
confronto, evitando, 43
consciência no processo de mudança, 67-8

Dannemiller, Kathie, 71
dias de folga do trabalho, 36
distribuição do trabalho, 44
DPP (disponível para prometer), 46, 49, 95

Dunham, David, 29
eficiência, 29, 61, 87, 92
Einstein, Albert, 24, 85
e-mails, administração de, 61-2
enigma do ovo e da galinha, 114-15
entusiasmo, 45-6, 78, 86
estima, necessidades de, 105, 109
experiência, aprendendo com a, 98-9, 108

Facebook, aplicação dos "Seis Graus" no, 117
Fisher, John, 73
Ford, Henry, 67

Gallagher, Robert C., 72
Gandhi, Mahatma, 46
Gleicher, Fórmula de, 71
graus de separação, 81, 116-7
Guare, John, 81, 116

Heinlein, Robert A., 16, 104
hierarquia de necessidades, 24, 105

influentes, pessoas, 77, 82

Kennedy, Mark, 34

LinkedIn, graus de separação no, 118

Lisa (mulher), 32
lista de afazeres, 22, 33, 37, 51, 55-6, 65, 85
    protelando tarefas, 55-6
    primeiro a tarefa mais importante, 86

"mais pressa, menos velocidade", 35, 87
Maslow, Abraham, 24, 105-9
Maxwell, John C., 41
McCarthy, Charlie, 11
"menos é mais", mantra do, 53, 55
metas, 26, 73, 82, 93
Microsoft, graus de separação na, 117
Moltke, Helmuth von, 109-11
motivação, 73, 86
    hierarquia de necessidades, 24, 105
mudança
    benefícios, 69, 71
    fórmula, 71-2
    influência de outras pessoas, 77-82
    pessoal, 68, 73
    planejamento, 12-3
    processo, 70, 73
    resistência à, 67, 69-70, 72
múltiplas tarefas, 87

"não"
    dificuldade em dizer, 39-40, 42-3
    em diversos idiomas, 40-1
    esforço envolvido, 40
necessidades, 24-5
    amor e pertencimento, 107
    autorrealização, 109
    fisiológicas, 106-7
    hierarquia, 24, 105, 107-8
    respeito, 108
    segurança, 105-7, 109

Nigel
    aprendendo com a experiência, 98-9
    apresentação, 20-2
    compra de *A Arte da Preguiça Produtiva,* 29-30
    dizer "sim"' quando se quer dizer "não", 48-9
    eficiência, 61
    influência, 82-3
    livrar-se do trabalho acumulado, 56, 62
    "ponto certo", 66
    progresso, 55, 88, 100
    recuperando a motivação, 97
    ser preguiçoso, 36-7

oficiais do exército da Prússia, tipos de, 109
oportunidades
    arranjando tempo para, 58-9
    medo de perder, 43

Pareto, Princípio de, 31-2, 59
    e lista de afazeres, 34
pneumoultramicroscopicossilicovulcanoconiose, 42
"ponto certo", 63-6, 96
ponto de êxito, caminho para o, 63-4
positivo, duplo enunciado, 47

preguiça
    produtiva, 31-5, 114
    definição, 112-3
preguiça inteligente, 29, 113
prioridades, 25, 33, 44, 74, 95
Pritchett, Price, 50
procrastinação, 85
progredir, a maneira preguiçosa de, 105

querer e precisar, 51-2

redes, 81
regra 80/20, 31-3
    e lista de afazeres, 34
respeito, necessidade de, 108
Robbins, Tom, 62
Rohn, Jim, 77

sapo no café da manhã, 86
satélite, navegação por, 19, 91-2
satisfação e esforço, 65
segurança, necessidade de, 105-7, 109
seis graus de separação, 80, 115-7
Sêneca, 57
significado da vida (segundo Nigel), 21-2
"sim"
    maneiras de dizer, 45-7
    quando você quer dizer "não", 48-9
    querer e precisar, 51-2
somente o necessário, 114
sucesso
    jornada para o, 27-9

pessoal, 26

tartaruga, 35
tempo, administração do, 57-60, 64
Time Enough for Love, 104
trabalho em andamento (TEA), limite de, 57
Tracy, Brian, 86
Transition Curve, The, 73
Twitter, graus de separação no, 118

vencer, definição de, 23
versatilidade, 58-9, 61
vontades, reconhecer, 51-2

Welch Jr., John, 23

Este livro foi composto em fonte Garamond 3 e impresso pela
Bartira Gráfica e Editora S/A para a Editora Prumo Ltda.